AF174557

PATERAS, CAYUCOS, VALLAS, CONCERTINAS…
Y LA PALABRA DE DIOS

Fray Santiago Agrelo OFM

Arzobispo emérito de Tánger

PATERAS, CAYUCOS, VALLAS, CONCERTINAS… Y LA PALABRA DE DIOS

EDITORIAL ANAWIM, 2025

© Del texto, Santiago Agrelo Martínez, 2025
© De esta edición, Editorial Anawim, 2025

Cubierta maquetada por María Giménez-Arnau
Web: mariagimenezarnau.com

ISBN: 978-84-128851-7-0
Dpto. legal: M-24315-2025

Editorial Anawim S.L.
CIF: B-10812618
C/Condesa de Venadito 17, 4ºD
28027 Madrid
Web: anawim.es
Información y propuestas: anawimperiodico@gmail.com

Está permitida la reproducción total
o parcial de este libro citando la autoría

PRÓLOGO

Los escritos

Fray Santiago Agrelo es franciscano, hermano menor, arzobispo de Tánger desde 2007 hasta 2019. Desde esta editorial le preguntamos no hace mucho si querría colaborar con sus reflexiones orantes para la confección de un libro cuyo corazón fuera Cristo y los emigrantes, Cristo en los emigrantes. Nos remitió a sus escritos semanales, dotados de belleza y fuerza sobrenatural, en los que siempre ha propuesto un ritmo vital al compás de la liturgia que, ineludiblemente, conduce a la humanidad sufriente.

No es una opción más… Advierte León XIV en *Dilexi te* a los cristianos que relegan o desprecian la opción preferencial por los pobres, el ejercicio en nosotros del amor de Dios, que se entregan a «conclusiones engañosas», como si esto «se tratase de la fijación de algunos y no del núcleo incandescente de la misión eclesial» (n.15).

Estas posturas —que han merecido una advertencia papal, una más, en un documento magisterial de la Iglesia—, están extendidas. No suelen ser groseras en su mayoría, sino que se sirven del silencio: sencillamente y entre católicos, en muchas reflexiones, publicaciones, tomas de postura públicas, corrillos y comentarios en redes… los pobres, los que sufren, los oprimidos… no están. Inconcebiblemente no están.

Fray Santiago Agrelo, como muchos, fue conducido por la mano de Dios a donde sí están. Y quedó herido y seducido para siempre. Confesaba en una intervención radiofónica:

5

«Amigas, amigos de Radio María: Paz y bien. No sé si por opción o por necesidad, tal vez porque los años enseñan muchas cosas, tal vez porque la realidad ha perdido con el tiempo velos que ocultaban su crueldad, el hecho es que ya sólo me interesa hablar de Cristo y de los que sufren. Los pobres son cuanto necesito para acercarme a la verdad del hombre; y Cristo es cuanto necesito para devolverle humanidad al hombre y para acercarme al misterio de Dios»

Autorizados por él a disponer de sus escritos, hemos hecho una selección en referencia al propósito fundamental de este libro. Agrelo nos dijo sencillamente que sus reflexiones estaban a disposición de todos: una manera de vivir la comunión de bienes, de dar lo que se te ha dado... precisamente porque se te ha dado para darlo[1].

En estos comentarios semanales sobre la Palabra de Dios siempre están los hermanos que sufren: Cristo y los pobres, Cristo y los sufrientes, Cristo y los olvidados... También todos los demás, llamados urgentemente al amor. Desde esta visión, fray Santiago Agrelo, conducido por Dios en el mandato de la Iglesia a los terrenos de frontera, insertó a la humanidad errante en su corazón, en sus oraciones, en su vida y en sus escritos de modo preferencial.

Unas veces introduce a los migrantes en su reflexión, junto al cortejo de los oprimidos de la tierra, como expresión

---

[1] A este respecto debo hacer notar que esta editorial especifica en todos los libros que publica, que está autorizada la reproducción parcial o total de los textos. La editorial Anawim no tiene ánimo de lucro: los pequeños márgenes que puedan producir sus libros sirven únicamente para publicar los siguientes.

necesaria de sus palabras, con las que intenta mostrar la luz que la Palabra proyecta sobe los acontecimientos. Otras muchas veces, los emigrantes, los refugiados, no asoman como colofón, como concreción de estas oraciones, sino que son el centro, el motor de las mismas. Al hilo de un acontecimiento muy concreto (este naufragio, estas desapariciones, estos asesinatos), o al hilo del acontecimiento global que marca a la humanidad: la explotación, las guerras, la opresión, los naufragios, las desapariciones, los asesinatos… Es decir, el acontecimiento que revela un estado de los espíritus.

Agrelo, en sus alusiones al mortífero desierto, a los caminantes agotados y humillados, a las playas y los ahogados —«ahogados en el mar sin entrañas de la indiferencia»—, a las vallas letales, nos remite a Dios. A «Dios emigrante», a una Sagrada Familia compuesta por «tres emigrados». Para quien quiera escuchar.

Él no puede dejar de hacer esta referencia. Aunque a veces en el escrito orante consista únicamente en plasmar una exclamación que sólo pueden entender los *iniciados* en fronteras, ese misterioso grito de victoria de origen desconocido, «¡Boza!», que gritan los africanos que logran saltar la valla o atravesar la frontera de otra manera.

El grito, pleno de significados y esperanzas, lo relaciona Agrelo con lo que ha orado, escrito y ofrecido. Así y por ejemplo, para el misterio de la Ascensión del Señor, en que la humanidad, en Cristo, es inserta plenamente en el mundo de Dios, en Dios, fray Santiago usa del grito de los pobres de la tierra para testificar que el triunfo de Dios en Jesucristo consiste en la elevación de los aplastados, en su victoria:

«Hoy la humanidad ha traspasado la frontera de Dios: ¡Boza! ¡Boza! ¡Boza! (**Boza**: es el grito de los emigrantes al pisar la tierra que soñaron durante todo el camino)»

Fray Santiago Agrelo es un converso a este amor dolorido. Siempre tuvo presente a los pobres, pero como él confiesa, también hubo época en que fue víctima del manto de silencio que envuelve esta cuestión *aguafiesta* del mundo rico. No que no salga en las noticias o no sea objeto de debate, sino que no sale como es en verdad —ni en fondo, ni en forma, ni en datos—, y, sobre todo, se le priva de significados profundos, se circunscriben las respuestas y responsabilidades de tal modo, calculado, que las causas, todas las causas del drama, queden tal cual están. O de manera que incluso se legitime un cuadro que supone tanto dolor, tanta sangre, tantos pecados. A esto hay que añadir, como otra fuente de dolor, el discurso blasfemo que hoy brota con virulencia desde los movimientos culturales, sociales y políticos apoyados en el *cristianismo sociológico*, en el estéril conservadurismo, y el atronador silencio de tantos pastores y fieles en la Iglesia…

De uno de los textos incluidos en este volumen, titulado «Podemos luchar con la muerte… y vencerla», fray Santiago nos dice en un inciso previo que fue escrito años antes de su encuentro con esta realidad humana masiva, la de la multitud de hermanos errantes por los caminos de la muerte. En tal escrito denunciaba numerosos atentados contra la vida humana vigentes. Incluía, a pesar de la presión de la cultura dominante y sus normalizaciones jurídicas, los crímenes objetivos que se hacen al amparo de las leyes de salud sexual y reproductiva. Agrelo quiso reproducir su escrito y volver a ofrecerlo a quien quisiera leerlo, con dos advertencias: que volvía a suscribir su contenido entero… y que en tal escrito reivindicador de la vida humana no había entonces mención alguna a los emigrantes… que él mismo había sido inconsciente cómplice de ese silencio atronador que al respecto caracteriza a tantos medios eclesiales.

Pero vio, vio la riada de muertes, escuchó el llanto de sus hijos, contempló las esperanzas en sus ojos, y habló, no cesó de hablar. No desde sí, sino con la autoridad reparadora y vivificante de la Palabra de Dios, desde la autoridad confiada a la Iglesia, «amada de Dios».

Este volumen tiene un contenido que estremece de dolor y de amor. Una alegre esperanza atraviesa las reflexiones, incluso en los párrafos más sangrientos y más duros, en que la denuncia se revela profética, ungida con el vigor de ese Espíritu que entra como vendaval en la tranquilidad falsa de nuestras vidas, incendia nuestro ser y nos conduce a un modo de vida que escandaliza a muchos oyentes… «está fuera de sí», «están borrachos»… Esperanza en Dios. Agrelo, cuando se refiere a la Iglesia en estos escritos siempre lo hace en sentido teocéntrico, cristocéntrico: ella no es protagonista sino de ser amada, de ser cuerpo, de ser receptividad, y, por tanto, de ser capacitada para operar como mano, brazo, hablar y mirada de Dios mismo. Tan sólo se le pide eso desde lo Alto: dejarse amar. Y entonces, cuando sus hijos se dejan introducir en ese torbellino, aman, sólo aman.

Este libro, que no tiene índice porque no es *temático*, sino una explosión de vitalidad orante, va a comenzar con unos cuantos escritos episcopales dirigidos «a la Iglesia de Dios que camina en Tánger». Tienen fechas concretas y están escritos, en primer lugar, a unos fieles concretos… Pero son universales. Necesitamos esos escritos… Después, el libro nos presenta muchos de sus escritos semanales. No hemos puesto las fechas, tampoco los hemos ordenado según los

9

tiempos litúrgicos a los que se refería en cada ocasión. Queríamos presentarlos, como hemos hecho notar, sin ánimo de esquematización, sino reconociendo en ellos universalidad, atemporalidad, pasión sobrenatural, amor. Por otro lado, todos ellos son motivados por la Palabra que Dios dirige al hombre, a toda persona, y en muchos de ellos se reconoce o se afirma explícitamente a qué misterio ofrecido por la liturgia se refiere esta Palabra orada y aplicada.

Fray Santiago Agrelo, arzobispo de Tánger, emérito hoy, no cae en falsas espiritualizaciones que ensombrecen una verdadera espiritualización. Verdadera si moviliza en el amor, por dentro y por fuera, hasta donde se sepa y se pueda. Y Dios multiplicará esos miserables cinco panes y dos peces.

El no caer en evanescencias vanas al hablar de los hermanos que sufren de tal modo, conduce a lugares a los que muchos no quieren penetrar. A un modo de hablar que consiste en la verdad. Asoma, por ejemplo, esta noticia, encabezada por la expresión de «un superviviente»:

«"Lo hago por quienes murieron". España suma otra denuncia de un superviviente de la tragedia de El Tarajal ante el Comité de la ONU contra la Tortura»

Y Agrelo, ya sin ministerio directo en Tánger, escribe públicamente:

«No puedo dejar en el silencio esta tragedia silenciada, esta vergüenza para la justicia española, para la legalidad española y europea... un crimen legal... un repugnante abuso de poder sobre los pobres...
Siempre en el corazón Cristo.
+ Fr. Santiago Agrelo
Arzobispo emérito de Tánger»

El mundo que se revela en estos escritos

Acusado por ese conservadurismo de que hablábamos antes, y que hoy arrasa con tantos espíritus entre los hijos de la Iglesia; silenciado por muchos de los habituales activistas sociales que suelen abominar del cristianismo, fray Santiago dice la verdad.

El mundo rico y sus desafueros contra los pobres de la tierra ha encontrado un balón de oxígeno en la irrupción creciente de la extrema derecha. Es cuestión de señalar a esas facciones y algunos de sus gobiernos como enemigos de los emigrantes, como «los enemigos» de los emigrantes. Y ya está, los democráticos señaladores figuran entonces como los adalides de los derechos humanos. Ciertamente tales gobiernos ultraconservadores se pavonean de la represión, amenazan e insultan públicamente, hacen performances de sus redadas, se alegran mostrando jocosamente cómo operan con los «invasores, delincuentes, violadores, parásitos vagos, soldados del reemplazo étnico, enemigos del cristianismo (!!)», y todo el lote restante...

En realidad, estas facciones y esos gobiernos lo que han hecho es sacudirse de encima la hipocresía, multiplicar lo que ya se hace, y enorgullecerse de ello. Porque hacerse se hace, por gobiernos, a izquierda y derecha, que se llenan la boca de hablar de acogida, integración, respeto... A día de hoy y dado que aún los gobiernos ultraderechistas son minoría, el grueso de los brutales crímenes acumulados en las últimas décadas recae sobre los gobiernos de la palabrería sobre los derechos humanos, sobre las viejas democracias, sobre aquella estafa cultural representada por el gobierno Obama y similares, sobre la Unión Europea...

11

La impunidad es prácticamente absoluta. Nadie va a responder sobre esos actos concretos cometidos contra personas concretas, en su mayoría víctimas a las que se ha privado de nombre y de las que se escamotea incluso el número de las mismas.

Fray Santiago Agrelo, testigo de estos aconteceres en la «frontera sur» de Europa que copan su alma por la cercanía personal inmediata con una multitud de hermanos víctimas, alude de cuando en cuando a otros escenarios criminales... el Mediterráneo central, las montañas en los bordes de Europa... Porque el fenómeno es universal.

Lo más conocido es lo que los medios del mundo rico estiman como más interesante o como lo único interesante: lo que concierne al propio mundo rico, es decir, el éxodo de los pobres y refugiados hacia Europa y Estados Unidos. E incluso aquí también se hace selección de zonas de interés mediático: algunas rutas salpicadas de cadáveres y sembradas de humillaciones y agresiones, nunca aparecen en las noticias; un interés mediático que, además y en referencia a los lugares habituales en las noticias, asoma o decae, hasta el silencio prolongado absoluto, dependiendo no de lo que acontece realmente, sino de otros factores que deberían explicar las agencias de noticias y las redacciones de esos medios.

En realidad, como se repite de modo explícito o implícito en los escritos de Agrelo, todos estos dinamismos cómplices brotan de la no consideración de estas personas como personas, como hermanos. Ya sea tras las palabras directamente insultantes del señor Trump o de Vox, o tras las inauditas maniobras lingüísticas para mentir pronunciadas habitualmente por la actual señora presidenta de la Comisión Europea, lo que hay es la consideración de estos hombres, mujeres y niños (nacidos y no nacidos, como nota para Vox) como una carga, un fastidio, una patata caliente que deberían agarrar otros, una agresión a «nuestro modo de vida», un lo que sea, menos la verdad: esas personas son hermanos. Cuando Jesucristo nos ha revelado que Él está bajo la especie sacramental de forastero que pide refugio, nos revela la dignidad personal única e irrepetible de cada uno de ellos. Haya entre ellos mejores o peores, buenos o malos, sanos o enfermos, gentes que puedan trabajar o que no puedan trabajar, la negación de esta verdad primera sobre su condición, apuntala un mundo que produce tales injusticias estructurales, tales desórdenes y desequilibrios regionales, tal cúmulo de agravios, de guerras, de destrucción de «la hermana madre tierra», de codicia… que origina un vasto movimiento migratorio, forzado por esas circunstancias.

Unas veces, circunstancias para marchar que son como un telón de fondo: paro juvenil prolongado durante años, ausencia de futuro, frustración de expectativas profesionales-vocacionales, pobrezas severas imposibles de mitigar que conllevan dramas como la inatención de familiares enfermos, deudas a causa de la usura, huidas de violencias sociales extremas… Y otras muchas veces, circunstancias inmediatas para sobrevivir: hambre, millones y millones de desplazados a causa de las innumerables guerras —se hable de ellas o no—, y que también son tratados en las fronteras del mundo rico como «indeseables».

Las rutas olvidadas testifican aún más la universalidad de este drama sobrenatural. Todos conocen, si quieren, los rescates y las tragedias en el Mediterráneo central, en la «ruta canaria», y los muros anti-pobres de las fronteras de México y Estados Unidos o en Ceuta y Melilla. Hay más, mucho más. Los haitianos que cruzan hacia la República Dominicana, donde son perseguidos y agredidos para su devolución; los africanos que toman la ruta hacia el sur para entrar en Sudáfrica; el innumerable cortejo de millones de personas que pueblan campos de refugiados y calles en los países africanos fronterizos con los que padecen alguna de esas guerras olvidadas… algunas de una virulencia extrema, como en Sudán o en el Noreste del Congo; los que huyen de Myanmar, de Afganistán, con las violencias letales en la frontera iraní contra estos hermanos; los que huyen de la guerra y la pobreza desde Siria, Irak, para engrosar el infinito número de oprimidos por la miseria y las amenazas en Líbano o Turquía; el mar Rojo, brutalmente letal para los miles y miles que huyen del cuerno de África para llegar al Yemen (en guerra soterrada y en extrema pobreza) y poder acceder a Arabia, donde los agentes fronterizos no dudan en disparar a quien sea: allí, en Arabia u otros países de la península, si logran llegar, les espera la semi esclavitud laboral y la pobreza social, pero habrán escapado de la guerra y de la hambruna…; está también la concurrida ruta australiana, peligrosa por la enorme travesía y por la actitud de los democráticos gobiernos de allí: dejar morir en el mar, enviar buques de la armada para interceptar, internar en campos de concentración infectos, en islas desiertas y militarizadas; está el trasiego de venezolanos que cruzan hacia Colombia, y de personas de todo el cono sur americano y de Centroamérica que huyen de la miseria, de las maras, de los gobiernos… Por desgracia se me quedan en el tintero muchos otros escenarios, a la vez masivos y silenciados hasta la inexistencia.

En el caso europeo, además de los escenarios citados aquí, están las rutas de los Balcanes y del Este de Europa. Algunas rutas han sido prácticamente cegadas, bien por la violencia de gobiernos como el húngaro del señor Orban o el de Eslovaquia, bien por la guerra de Ucrania: antes había rutas olvidadas por los medios, para llegar a Finlandia desde Rusia, o a Polonia desde Bielorrusia: esta frontera, muy peligrosa por los medios usados por fuerzas de la Unión Europea, se hizo famosa un poco antes del inicio de la invasión rusa a Ucrania: el dictador Lukashenko, sabedor de cómo se las gasta esta Unión mercantil a que se ha reducido «Europa» desde el principio, *atacó* llevando pobres a la frontera; no tiraba bombas, sino gente pobre... El gobierno polaco militarizó la zona, acordonó enormes extensiones, cribó los bosques con fuerzas militares, expulsó a periodistas y a cualquier no residente, entró a la fuerza en las casas y granjas de los vecinos...

La ruta de los Balcanes, olvidada, como la frontera greco-turca, es una tragedia, plena de violencias ejercidas por Frontex y por las fuerzas de los gobiernos sicarios de la Unión.

Lo que viven estos hermanos, en España, en Europa, en Estados Unidos hasta la llegada de la calculada espectacularidad represiva del segundo gobierno Trump, está invisibilizado para quien no se acerque a ellos personalmente, con toda su persona. Inmersos en nuestras rutinas sociales y los estereotipos políticos únicos, sometidos de buen grado a la censura del silencio orquestada por los medios de modo connatural, sin conspiración alguna, la vida de estos hermanos torna paralela a la supuesta vida real de los ciudadanos. Aquí, los crímenes en la vallas —crímenes: asesinatos, heridas, humillaciones—, la represión en cárceles encubiertas, en los CIE, las deportaciones cotidianas sin avisar siquiera a familiares, las sorpresivas redadas para llenar un avión de expulsados, los malos tratos y palizas en calles, comisarías y en centros de deportación aeroportuarios, las eventuales violaciones, la tragedia de «los papeles», del buscar trabajo, de los trabajos en régimen de brutal explotación, el drama de la vivienda acentuado para ellos de modo inaudito, las agresiones callejeras porque sí... y todo lo demás, no existe para una multitud de ciudadanos españoles, europeos. O es una mentira, pues, según los corrillos sociales, cuya concreción es el crecimiento visible políticamente de la extrema derecha, todos vienen aquí a vivir del cuento, de ayudas, tienen asistencia sanitaria gratis saltándose la cola de espera de los nacionales, y pretenden acabar con Europa según una estrategia calculada y asumida por cada una de estas personas. Por supuesto, son delincuentes...

Las aberraciones que viven estas personas en sus caminares hacia Europa tienen, sin embargo, como principal actor a un rostro institucional que no es la extrema derecha: es una organización criminal conocida como «Unión Europea».

Cuando fray Santiago Agrelo habla de gobiernos criminales, políticas criminales, que entregan a los pobres a mafias criminales... no se refiere a ninguna vaguedad hipotética. Una organización con fines mercantiles que para proteger sus intereses usa de la fuerza con grupos armados (Frontex), que interceptan a familias en las montañas, de noche y de día, y proceden según este repetido *protocolo*: destrucción o sustracción de móviles (es decir, contactos, comunicación y gps), destrucción de mochilas con sus víveres, ropas y medicamentos, despojamiento de ropa de abrigo y mantas, robo de dinero en efectivo, amenazas con armas, inmovilizaciones en el suelo, más que eventuales palizas, agresiones a niños en presencia de padres inmovilizados... y vuelta para atrás hasta la zona de frontera... Una organización que describe como pasos importantes en aras a la incorporación a la misma a gobiernos «comprometidos en la lucha contra la inmigración irregular», eufemismo que significa que se ha pagado a esos gobiernos para que actúen como sicarios de la Unión e intercepten como sea esos flujos de personas… Una organización que ha usado del chantaje para conseguir ese fin, o que, introducida en ese juego mafioso, ha sido chantajeada por los sicarios y por potenciales sicarios con los que trata, que sabían de lo jugoso del negocio: v.gr., inacción e indiferencia de Bosnia respecto a los que se adentraban en Croacia para llegar a territorio UE en Eslovenia (el «game», el juego, llamaban esos refugiados a esta peligrosa aventura, mortal para algunos), hasta el año 2019 en que agentes de la organización criminal pagan y el gobierno de Bosnia procede a desmantelar muy violentamente los miserables enclaves de estos refugiados y los expulsa… a los bosques… Una organización que paga a sicarios extremadamente violentos y letales pertenecientes a los gobiernos de Marruecos, de Libia, de Túnez, de Mauritania, que financia allí campos de concentración y prisiones inmundas… Una organización que miente firmando tratados contra la tortura y derechos de asilo, a la vez que la gente muere y es herida y se le impide incluso el acto físico de pedir ese asilo… Una organización que por boca de su actual presidenta o capo, llega a decir en acto público aplaudido que «las mafias no van a decidir quién entra en Europa», como si los pobres y refugiados hubieran sido secuestrados por estas mafias, subidos a la fuerza en las pateras o conducidos bajo amenaza por senderos montañosos: quien ha obligado a la fuerza a estos hermanos a recurrir a las mafias es quien bajo amenaza efectiva impide que suban a un barco o a un avión, con billete, o impide que desembarquen de los mismos. Da lo mismo que haya niños, bebés, embarazadas, discapacitados, ancianos… da lo mismo que hayan huido de guerras… da lo mismo que sus naciones de origen sean objeto de explotación descontrolada por parte del mundo rico y las oligarquías locales... Ya sabemos que todo eso, que se esgrime como argumento por parte de los perpetradores de los crímenes para atacar el franco discurso de la extrema derecha, es palabrería inútil, autocomplacencia para que nada cambie: los de la palabrería solidaria donan incluso en forma de algunas subvenciones a los rescatadores de personas que se juegan la vida porque los propios donantes les han cerrado las fronteras en su condición de personas pobres... Y sabemos también que desde las extremas derechas emergentes, cualquier alusión a esos factores como génesis de los movimientos migratorios, o es mentira según ellos, o discurso comunista trasnochado, o, explícitamente, se declara que les importa un rábano...

Volvemos a los escritos de Agrelo

En ellos hay dolor, mucho dolor. Pero no hay amargura cerrada en sí. Ni odio. No por buena educación, ni por guardar formas, ni porque el odio afearía el guion de unos comentarios espirituales a la Palabra de Dios, sino porque de ella brota amor, amor sobrenatural, que desborda los confines en que los hombres nos encadenamos. Explícitamente fray Santiago Agrelo intercede una y otra vez por los verdugos y los indiferentes. Cierto que advierte, incluso sobre las consecuencias totales, existenciales, eternas, de estas conductas criminales dirigidas contra una multitud de hermanos inocentes, pero lo hace llamando a la conversión, al milagro de la conversión... En este prólogo se ha hecho referencia a nombres concretos de personas con poder, y referencia implícita a otro sinfín de mandamases, de subalternos y de ejecutores de base... políticos, burócratas, policías, soldados... Además, se ha hecho referencia a multitudes de personas cómplices de estos crímenes de modo formal y verbalizado o por indiferencia. Cada uno de ellos, cada uno —como escribe Agrelo— es un amado de Dios. Cada uno está llamado a ver y amar… Un milagro de gracia: el deseo y la oración de intercesión para que estas personas, los citados por su nombre por mucho poder mundano que tengan y la corte innumerable de aludidos, altos o bajos, jefes o jefecillos… desobedezcan a causa de su conciencia enamorada, dimitan, digan toda la verdad, repartan la bolsa y vayan, física y personalmente, a los lugares de frontera, y a los guetos y a los caminos… a amar, resarcir, pedir perdón…

El tiempo urge… antes de que según lo que parecen leyes inexorables de la historia, los europeos, los estadounidenses, tengan que buscar embarcaciones y saltar muros… El que escupe al cielo, en la cara le cae…

Mientras, Agrelo, al llamar a confiar en Dios, en su amor, y al denunciar al dios dinero, la codicia, las riquezas teñidas de sangre, nos está invitando a una pacífica, alegre, rotunda y notable disidencia.

Ciertamente, el cuadro que denuncia, es decir, los modos de vivir interiorizados y estructurados, que precisan de la pobreza de los demás para crecer y subsistir, nos lleva muy lejos… Relación con los bienes de la tierra y modos consecuentes de producción, de consumo, de comercio; relación con los hermanos… Una auténtica revolución, un programa de combate espiritual sin fin, siempre inacabado, siempre insatisfecho, pero que por eso mismo acucia a una acción ardiente y permanente.

Las enseñanzas sociales de la Iglesia —que escasos católicos reciben como tales— son expresión de un previo, de una *variable* absolutamente independiente: la dignidad sobrenatural de cada persona. No como enunciado esteticista y muerto, sino en su estricta realidad: cada uno. Mientras, no se puede esperar a que las relaciones entre los hombres se aproximen a esas nociones basadas en el amor y la justicia, que entonces no producirían pobrezas apocalípticas, ni derroches escandalosos, ni ostentaciones... ni migraciones forzadas. No, no se puede esperar: la cuestión es que en el momento presente se nos muestra el rostro concreto de tales y tales personas migrantes y refugiadas. De cada uno. Cada uno de ellos, con sus dramas y esperanzas, con sus problemas y su inherente desestabilización de las falsas tranquilidades, cada uno es una ocasión de amar y de experimentar la providencia de Dios. Cada uno de ellos es el rostro de Jesucristo.

Gracias, hermano fray Santiago por tus oraciones y tus escritos, por hablar cuando tantos, tantos callan, por esa pasión por los últimos que brota de la fe.

Gerardo López Laguna[2].

---

[2]Firmo con mi nombre este prólogo para responsabilizarme personalmente de las afirmaciones potencialmente delictivas que contenga, tal como la calificación de organizaciones criminales a la Unión Europea y a Frontex. Laus Deo.

LLAMADOS A SER EVANGELIO PARA LOS POBRES

A la Iglesia de Dios que peregrina en Tánger: Paz y bien.

Queridos: La Paz y el Bien que con vosotros comparto en el Señor cada vez que os saludo, son el evangelio que deseo reciban también los emigrantes –hombres, mujeres y niños en busca de un futuro mejor- cada vez que se encuentren con nosotros en el camino de la vida. Sobre ellos, desde que han salido de sus casas, se abatido una ola de violencia, que es institucional antes de ser mafiosa, y que es siempre inhumana si no es simplemente criminal. En los últimos tiempos, la violencia institucional se ha hecho más arrogante y más cruel, tal vez porque sabe que cuenta ya con el soporte de la aprobación social: En todos los continentes, las sociedades se inclinan sin pudor hacia propuestas políticas egoístas, supremacistas, xenófobas, racistas. Esas sociedades están cavando la fosa en la que han de ser enterradas. Todo ello hace ineludible una señal de alarma, una palabra de discernimiento de opciones a la luz de la fe, una palabra de solidaridad con los pobres y de compromiso personal y comunitario en defensa de los derechos de los emigrantes, que por ser personas particularmente vulnerables, han de ser particularmente protegidas.

Grabado a fuego en la conciencia:

Vosotros, que sois de Cristo, recordáis el evangelio que habéis recibido, y el evangelio dice que a nuestro lado, a la puerta de nuestras vidas, no hay sin papeles, no hay ilegales, no hay clandestinos, no hay irregulares; sólo hay alguien a quien hemos de amar como a nosotros mismos. He dicho "alguien". Podría haber dicho "otro", podría decir "personas", podría decir "emigrantes"; y todas las palabras se me quedarían pobres, pues ninguna guarda memoria de lo que han vivido, de lo que han sufrido, de lo que han perdido esos hermanos que Dios nos ha confiado para que en nosotros encuentren luz, esperanza, ternura y pan. Para eso hemos nacido, para eso hemos sido ungidos por el Espíritu de Dios, ésa es la misión que el mismo Espíritu nos ha confiado: la de ser buena noticia de Dios para los pobres. El que llama a mi puerta no es un extraño sino un hermano, y aunque sea otro, no deja de ser yo mismo, pues es mi propia carne[3]. Y si, para acogerlo y acudirlo, esa identificación del otro conmigo no me pareciese manifiesta, entonces la fe recuerda todavía que a mi puerta está mi hermano mayor, Jesucristo el Señor, en quien creo, en quien espero, a quien amo. Dichoso quien se apiada del pobre, porque habrá hospedado a Dios en su corazón.

Acerca de Dios y de los pobres:

Esta carta, que quiere ser una llamada al compromiso de todos con los últimos, está dictada por el sufrimiento de los emigrantes y la pasión de Dios en favor de sus hijos pobres. En torno al sufrimiento de los emigrantes, la información ha levantado un muro de silencio, coronado por una concertina de mentiras y calumnias, crueldad ésta que se añade a la violencia extrema –física y moral- que de forma continuada se ejerce sobre mujeres, hombres y niños indefensos y vulnerables. Cuando se dice que las fronteras

---

[3] Cf Lc 4,17-21

22

matan, lo que se quiere decir es que matamos quienes las pretendemos impermeables para los pobres. Las vallas fronterizas son evidencia de nuestra pretensión de dominio sobre la tierra y sobre los pequeños de la tierra. Y así, en las vallas de Ceuta y Melilla, las puertas que debieran haber servido para regular y ordenar la entrada de emigrantes en un recinto de serena esperanza, han servido y sirven para perpetrar la iniquidad de las devoluciones en caliente desde territorio español a territorio marroquí. Las vallas saben de heridas, fracturas, mutilaciones y muertes, todo ello silenciado aceleradamente o falseado interesadamente por los medios de comunicación, de modo que una sociedad desinformada interiorice que en las fronteras no hay emigrantes, no hay violencia contra los emigrantes, no hay sufrimiento de los emigrantes, no hay humanidad vejada y humillada. A la desinformación, se añadirá la burla atroz y criminal de representar a los emigrantes como mafiosos, como violentos, como vagos, como aprovechados, como ladrones. Y así, el racismo, la xenofobia, la aporofobia, terminan por ser opciones democráticas, que miden con exactitud la degradación que sufre en nuestras sociedades la humanidad. Pero, más allá de desinformaciones, representaciones y degradaciones, la realidad es que en la frontera sur de España, en la frontera norte de Marruecos, a la vista de todos en esta Iglesia, los emigrantes están viviendo una tragedia sin fin. Hace años, a los que esperaban en el bosque de Beliones una oportunidad para pasar a Ceuta, los veíamos dispersos en pequeños grupos a lo largo de la autovía que va del puerto de Tánger a la ciudad autónoma. Allí, a quienes pasaban, y sin que a nadie molesten y nadie los molestase, pedían la ayuda de una caridad. Detrás de aquella normalidad rutinaria y serena, había sin embargo mucho sufrimiento, pues aquellos

23

mendigos de color azabache, ya morían en las vallas, ya pasaban frío y hambre en los bosques, ya cargaban sobre los hombros las penalidades de un presente improvisado y la incertidumbre de un futuro imprevisible. De repente, aquella rutina serena se rompió, y la situación de los inmigrantes se hizo más penosa. Las razones del cambio habrá que intuirlas, porque nadie las da[4]. Y lo que se intuye es que Europa paga para que los gendarmes del norte de África mantengan lejos de las fronteras europeas a los pobres que han llegado hasta ellas buscando un espacio de serena libertad. En ese nuevo contexto institucional, el inmigrante urbano continuó gozando de una cierta tranquilidad; pero los moradores de los bosques sufrieron desde entonces el acoso de las fuerzas del orden, y vieron dificultado en gran manera incluso su acceso a los alimentos necesarios para sobrevivir. Ahora, desde hace unos meses, la situación ha vuelto a cambiar, y lo ha hecho todavía a peor para la población inmigrante, ya que, en el altar de supuestos intereses europeos, se ha sacrificado el derecho de toda persona a la protección jurídica y social. Desaparecida la distinción entre emigrantes urbanos y moradores de los bosques, se ha procedido a detenerlos a todos, deportarlos a todos lejos de las fronteras devolviendo a muchos de ellos a sus países de origen-, y eso se ha hecho con violencia física y moral sobre las personas y con desprecio de sus derechos fundamentales.

Queridos: El que ha puesto la tierra en nuestras manos para que fuésemos continuadores de su obra creadora, no dejará de preguntarnos por lo que hacemos con ella y, sobre todo, no dejará de preguntarnos por lo que hacemos con sus hijos, con nuestros hermanos: "¿Dónde está tu hermano?". Y

---

[4] Cf Prov 14,21

no valdrá que respondamos: "No lo sé; ¿soy yo el guardián de mi hermano?" Lo queramos o no, en la conciencia resonará el eco de la palabra inapelable: "¿Qué has hecho? La sangre de tu hermano me está gritando desde el suelo"[5]. Los pobres – los oprimidos, los vejados, los últimos- están en el corazón de Dios, y de lo que hay en su corazón habla su palabra: "Cuando haya entre los tuyos un pobre... no endurezcas tu corazón ni cierres tu mano a tu hermano pobre"[6]. "Nunca dejará de haber pobres en la tierra; por eso, yo te mando: Abre tu mano a tu hermano, al indigente, al pobre de tu tierra"[7]. "Hijo, no prives al pobre del sustento, ni seas insensible a los ojos suplicantes. No hagas sufrir al hambriento, ni exasperes al que vive en su miseria... no retardes la ayuda al indigente. No rechaces la súplica del atribulado, ni vuelvas la espalda al pobre. No apartes los ojos del necesitado"[8]. "Dichoso quien se apiada del pobre"[9]. Y entre los pobres, un lugar del todo especial en el corazón de Dios lo ocupan el huérfano, la viuda y el extranjero: "Dios hace justicia al huérfano y a la viuda, y ama al emigrante dándole pan y vestido"[10]. "Maldito quien viole el derecho del emigrante, del huérfano y de la viuda. Y todo el pueblo dirá: Amén"[11]. "Si no explotáis al forastero, al huérfano y a la viuda... entonces habitaré con vosotros en este lugar"[12]. "No oprimáis a viudas y huérfanos, a emigrantes y pobres, y que nadie ande pensando el mal que va a hacer a

---

[5] Cf Gn 4,9-10
[6] Dt 15,7
[7] Dt 15,11
[8] Eclo 4,1-5
[9] Prov 14,21
[10] Dt 10,18
[11] Dt 27,19
[12] Jr 7,6-7

su prójimo"[13]. Pero la revelación más desconcertante de la relación de Dios con los pobres la encontramos en el evangelio de Mateo: en los pobres es Cristo quien sale a nuestro encuentro, es Cristo quien tiene hambre y sed, es Cristo quien es extranjero, es Cristo quien se encuentra desnudo, o enfermo, o encarcelado; es Cristo quien es presa de los ricos; es Cristo el pobre al que los ricos aborrecen[14].

Acerca de los pobres y de la Iglesia:

La Iglesia es un cuerpo, el cuerpo de Cristo, y, en Cristo, también ella fue ungida por el Espíritu Santo y enviada a evangelizar a los pobres. Por si alguno sintiese la tentación de espiritualizar esa misión, y por evangelizar entendiese algo así como adoctrinar al personal para que sea bueno, enseñar el Catecismo o explicar el Credo o disponer el ánimo para participar en una procesión, será oportuno recordar lo que un sábado, en la sinagoga de Nazaret, Jesús leyó y declaró cumplido. Esto es lo que leyó: "El Espíritu del Señor está sobre mí, porque él me ha ungido. Me ha enviado a evangelizar a los pobres, a proclamar a los cautivos la libertad, y a los ciegos la vista; a poner en libertad a los oprimidos; a proclamar el año de gracia del Señor"[15]. Y éste es el comentario que hizo: "Hoy se ha cumplido esta Escritura que acabáis de oír"[16]. Leído sin glosa, el texto no deja lugar a espiritualizaciones: El evangelio que hemos de llevar a los pobres está hecho de libertad para cautivos y oprimidos, de

---

[13] Zac 7,10
[14] Cf Eclo 13,19b-20
[15] Lc 4,18-19
[16] Lc 4,21

luz para ciegos, de gracia de Dios que se ofrece a todos en un año jubilar que no tendrá fin. Para Jesús y para la Iglesia, ese evangelio es garantía de autenticidad de la misión recibida: "Id a anunciar a Juan lo que estáis viendo y oyendo: los ciegos ven y los cojos andan; los leprosos quedan limpios y los sordos oyen; los muertos resucitan y los pobres son evangelizados"[17].

Si ignoramos a los pobres, no sólo olvidamos la misión que hemos recibido, sino que ignoramos también y olvidamos – aunque no la podamos borrar- la unción del Espíritu que nos ha hecho "de Cristo". Si ignoramos a los pobres, no somos el cuerpo de Cristo. Si ignoramos a los pobres, no somos de Cristo. La encarnación del Hijo de Dios evidencia la opción de Dios por los pobres: Se fijó en ellos, vio su opresión, y bajó a liberarlos. Es como si el hombre fuese lo absoluto de Dios. Y es el mismo Dios quien nos invita a que hagamos nuestra su opción. Esa opción nos hará frágiles como los pobres, vulnerables como ellos, despreciados como ellos, señalados como ellos, odiados como ellos, perseguidos como ellos. Y sólo si somos "como ellos" –sólo si somos pobres- podremos ser también buena noticia para ellos. A la Iglesia de Cristo, o se la encuentra entre los pobres, o no se la encuentra de ninguna manera.

Acerca de Cristo y de la Iglesia:

A los hijos de la Iglesia, como a su único Hijo –a su Unigénito-, Dios nos ha puesto pobres en los caminos de los pobres. Al corazón del evangelio pertenece, no sólo la opción de Dios por los pobres, sino también su opción por la pobreza, que es opción por la pequeñez, la ultimidad, la

---

[17] Mt 11,4-5

fragilidad, la humildad, la sencillez, la indefensión. Esa pobreza se nos muestra inseparable de la vida de Jesús de Nazaret. Al nacer, Jesús es recibido en el regazo de la dama pobreza, con ella vive desposado, y morirá abrazado a ella. Aquí es necesario recordar la revelación escandalosa que la carta a los Filipenses hace del proyecto divino de salvación – de evangelización de los pobres-: "Cristo Jesús... siendo de condición divina, no retuvo ávidamente el ser igual a Dios; al contrario, se despojó de sí mismo tomando la condición de esclavo, hecho semejante a los hombres. Y así, reconocido como hombre por su presencia, se humilló a sí mismo, hecho obediente hasta la muerte, y una muerte de cruz"[18]. Acuérdate de Jesucristo, pobre y crucificado, y para ti, que eres su Iglesia y que estás unida a él en una sola carne, no pretendas más grandeza que la de servir, no pretendas más gloria que la de ser última entre los pequeños de la tierra, no pretendas más forma de vida que la pobreza y la cruz de tu Señor.

Orad:

Lo dijo el Señor a sus discípulos: "Pedid y se os dará, buscad y hallaréis, llamad y se os abrirá; porque todo el que pide recibe, y el que busca halla, y al que llama se le abre"[19]17. Así pues, hermanos míos muy queridos, orad, pues sólo en la oración podemos aprender lo que queremos ser en la vida. Orad, pues de nada seremos capaces si no nos capacita la confianza en el Señor. Orad por los que os persiguen y calumnian, y así seréis hijos de vuestro Padre celestial. Orad por los pobres, para que no se pierdan de ánimo en los

---

[18] Flp 2,6-8
[19] Lc 11,9-10

caminos de la vida. Orad por los que odian a los pobres, los ignoran, los humillan, los crucifican; orad por ellos, porque no saben lo que hacen, ¡no saben lo que se hacen! Y orad por mí para que sea fiel en el ministerio que se me ha confiado.

Tánger, 8 de octubre de 2018

DIA DE LA IGLESIA DIOCESANA

¡Con cuánto amor te ha llevado de la mano tu Señor!

A la Iglesia de Dios que peregrina en Tánger: Paz y bien.

Queridos: Con la mirada fija en el Señor que camina delante de nosotros, nos guía con su Espíritu, nos ilumina con su palabra y nos atrae con la fuerza de su amor, nos disponemos a celebrar nuestro particular Día de la Iglesia, que este año estará marcado por la liturgia solemne de la Natividad de San Juan Bautista.

Las palabras del profeta las has entendido como referidas al Precursor de Jesús y también a Jesús, tu Maestro y Señor, y las puedes entender también dichas de ti: "Te hago luz de las naciones, para que mi salvación alcance hasta el confín de la tierra".

Si las refieres a Cristo Jesús, él es tu luz porque te amó y se entregó por ti, para que tuvieses vida. Por eso para ti su nombre es: "Dios, mi salvación", "Dios de nuestra paz", "Dios con nosotros", "Dios maná para nuestro camino", "Dios agua de la roca para nuestra sed".

Cristo Jesús, que es *luz para ti*, es también *luz en ti*, pues *en ti* continúa amando y entregándose para que la salvación de Dios alcance a los pobres de todos los confines.

Tus manos, Iglesia cuerpo de Cristo, son las manos de Dios para los necesitados de misericordia y de pan. Por tus ojos se derrama sobre los pobres la compasión de Dios. En tu corazón late el amor de Dios por todas sus criaturas.

Un día descubrirás asombrada y agradecida cuánto evangelio ha pasado por ti desde Dios a los pobres. Aquel día descubrirás que Dios te hizo su sacramento, su portadora, su mensajera, lugar donde a todos se ofrece su salvación… Aquel día descubrirás que Dios te hizo luz de las naciones.

Si pudieses siquiera sospechar el gozo, la paz, la esperanza, que los pobres han recibido al encontrarse contigo, harías subir hasta el cielo un canto de acción de gracias que resonaría durante toda la eternidad, porque el Señor ha hecho obras grandes por ti: con tus brazos Dios ha abrazado a la humanidad desechada; con tu palabra Dios ha hecho oír a los sordos y hablar a los mudos, ha sanado enfermos y enjugado lágrimas, le ha robado víctimas a la muerte y ha evangelizado a los pobres.

¡Con cuánto amor te ha llevado de la mano tu Señor!

Tu fuerza es el Señor, él tiene tu salario, y él mismo es la salvación –la buena noticia- que se te ha confiado para que la lleves a los pobres: "Te llamarán profeta del Altísimo, porque irás delante del Señor a preparar sus caminos".

Recorre ese camino con fidelidad.

Pide vuestra oración y os bendice vuestro hermano menor.

Tánger, 20 de junio de 2018.

BENDITO EL QUE VIENE EN NOMBRE DEL SEÑOR

A la Iglesia de Dios que peregrina en Tánger

Paz y Bien, hermanos muy queridos. Como ya sabéis, *el Papa Francisco visitará Marruecos los días 30 y 31 del próximo mes de marzo.* Ese anuncio, buena noticia para la Iglesia en Marruecos, es una gran alegría para todo el pueblo y motivo de particular agradecimiento para nosotros, pues tendremos ocasión de acercarnos al Papa –puede que alguno no la haya tenido todavía-, celebrar con él nuestra fe, escucharlo, hacerle sentir nuestro afecto, y decirle que nos sabemos apalabrados en la tarea de llevar el evangelio de Cristo al corazón de aquellos con quienes recorremos el camino de la vida.

Pero nada de eso, con ser importante e incluso necesario, sería razón suficiente para justificar la tan deseada visita del Papa a Marruecos, pues nuestro compromiso con el evangelio, nuestro apego afectuoso al Papa Francisco, así como la celebración gozosa de los misterios de la fe, son parte de nuestra vida, por no decir que son sencillamente nuestra vida, aunque en ella jamás se nos hubiese concedido la oportunidad de ver al Papa.

Esto me lleva, hermanos míos, a considerar otros aspectos de esta visita, que tal vez no sean tan de casa como los que, desde el principio, reclaman nuestra atención, pero que son probablemente más significativos y a los que, de hecho, se habrá de prestar mayor atención.

Es obvio que el Papa viene a Marruecos para los cristianos que aquí vivimos; pero no creo equivocarme si digo que viene también y sobre todo para el pueblo marroquí, que aquí nos acoge como hermanos.

Para cristianos y musulmanes es la llamada a trabajar por la paz, a obrar según justicia, a ser solidarios unos con otros, a promover la libertad de todos. Si en un tiempo pudieron separarnos dos certezas, hoy ha de unirnos una búsqueda. Si hemos escrito una historia fratricida en nombre de dos credos, es tiempo de escribir otra que a los ojos de todos resulte fraterna, unida por lazos de clemencia y misericordia.

Lo que procede de Dios, ya sea en el Islam, ya sea en el evangelio, no nos separa a unos de otros, no nos hace extraños unos a otros, y mucho menos nos hace superiores a unos sobre otros.

Lo que es de Dios, une en el amor que es Dios.

Vivimos tiempos recios, en los que para cristianos y musulmanes se ha hecho urgente descubrir nuestra común vocación a humanizar el mundo, y hacerlo cada uno desde la luz con que nos ilumina la fe que profesamos.

El corazón me dice que la visita del Papa Francisco a Marruecos dejará en nuestros ojos la dicha de mirarnos como hermanos, en nuestro corazón un compromiso con estos hermanos y con esta tierra, en nuestras manos un proyecto de solidaridad con los pobres, en nuestro espíritu la pasión de Dios por sus criaturas.

Pero vosotros sabéis, hermanos míos, que en el horizonte de esta visita apostólica están también esos últimos entre los últimos que son los emigrantes.

Abandonados a su suerte, puestos en las manos criminales de las mafias por las políticas criminales de los Gobiernos, impedidos de ejercer sus derechos fundamentales, tratados como esclavos, traídos y llevados como mercancía, empujados a regatear con la muerte lo que habría que ofrecerles en justicia, esos emigrantes necesitan que la palabra del Papa se dirija a ellos para confortarlos, para mantener viva su fe, para fortalecer su esperanza; y necesitan asimismo que

34

esa palabra se dirija a la conciencia de los pueblos, recuerde la responsabilidad que en el drama de la emigración tiene la política de cada nación, y la mayor responsabilidad, si cabe, que en la formación de la conciencia y en la asunción de decisiones políticas tienen las comunidades cristianas en los países de origen, en las Iglesias del camino, en los países de destino.

Ésta es una esperanza encendida en el corazón de la Iglesia de Tánger: Que el Papa Francisco venga a esta tierra, y que a esta humanidad hambrienta de justicia, de cariño, de esperanza, le haga llegar la luz de su palabra, el calor de su afecto, el testimonio de que la Iglesia, madre de todos, está especialmente cerca de estos hijos que todo lo necesitan.

Estos hijos últimos no podrán acercarse al Papa Francisco. Pero habrán de ocupar un lugar privilegiado en su corazón de padre y en el corazón de su visita apostólica a Marruecos.

A nosotros nos toca preparar el camino. Lo haremos con austeridad de vida, solidaridad con los pobres, oración en la comunidad y trato personal con el Señor. Lo haremos como si estuviésemos preparando la venida del Señor: ¡Bendito el que viene en su nombre!

Un abrazo, hermanos míos muy queridos. El Señor os dé su paz.

Tánger, 8 de febrero de 2019.

"VAREMOS LA PATERA EN LA JUSTICIA"

Era el año 2010. Sobre aquella patera han pasado quince años, y todavía no ha sido varada en nada que asemeje a la justicia, todavía continúa a la deriva, empujada por Gobiernos y mafias, todavía es un espacio donde lucha, agoniza y muere la humanidad crucificada, el cuerpo de Dios.

Recuerdo hoy lo que escribí entonces:

«Más que una patera era un calvario, con treinta y siete misterios de dolor evitable.

Fueron noticia de páginas interiores: tres muertos, treinta y cuatro supervivientes.

En un mundo ávido de distracción sin preocupación, importan muy poco, puede que nada, unos inmigrantes muertos en la ruta que va del África empobrecida a una Europa imaginada y seductora.

Perdidos en la frontera de nuestros banquetes sin corazón, a la deriva durante una eternidad, olvidados en una soledad sin confines, prisioneros del agua y de la sed, tres jóvenes africanos encontraron en aquel infierno el alivio de la muerte, y treinta y cuatro volvieron a nacer cuando fueron rescatados.

"*Había un hombre rico que se vestía de púrpura y de lino y banqueteaba espléndidamente cada día. Y un mendigo llamado Lázaro estaba echado en su portal, cubierto de llagas, y con ganas de saciarse de lo que tiraban de la mesa del rico*". Había –dice Jesús- un rico sin nombre, y un mendigo que Dios conocía por el nombre de Lázaro.

¡Nombres! Necesitamos llamar por su nombre a los que murieron en aquella patera y, si ello fuere posible, devolverles, con el nombre, la dignidad de una historia personal, soslayada a nuestra conciencia con el anonimato de los números: *Blaise, Peter, Freddy*.

Mientras los muertos sean enterrados en un adjetivo numeral, no sentiremos la necesidad ni la urgencia de comprometer la vida en la lucha contra la muerte.

Aquella mísera patera, en la que agonizaron y murieron *Blaise, Peter y Freddy*, es alegoría hiriente de aquella otra, grande como un hemisferio, en la que, a millones, agonizan y mueren cada día los lázaros de nuestro portal: hombres, mujeres y niños, nombres y nombres y nombres, historias, pasiones y angustias, que nosotros reducimos a números cardinales, a guarismos fríamente ajenos a la vida e indiferentes al sufrimiento, pero que, para Dios y para la fe, son hombres, mujeres y niños que se llaman siempre Jesús.

En el día de la verdad, no nos juzgará nuestro Dios por haber cuestionado su existencia o haber ignorado sus derechos de Creador y Señor; *"iremos al destierro"*, al lugar de los malditos, por haber cerrado los ojos para no ver al necesitado, por haber retirado la mano que había de dar pan al hambriento, por haber renunciado a romper cadenas de esclavizados y oprimidos; en aquel día *"encabezaremos la cuerda de cautivos"* quienes hemos colaborado en hacer de la tierra una inmensa patera.

La palabra de Dios nos urge, la comunión con Cristo nos apremia: varemos en la justicia y la solidaridad tanto misterio de dolor evitable»

Hoy intentaré no pronunciar tu nombre, Jesús, tu dulce nombre, y recordaré el nombre de cada víctima de nuestra arrogancia, de casa Lázaro olvidado a la puerta de nuestro bienestar… hoy te llamaré **Blaise, Peter y Freddy…**

Desde 2010, al menos **23.972 inmigrantes** -hombres, mujeres y niños- han muerto o desaparecido en las rutas hacia la frontera sur de España: «*Varemos la patera en la justicia*.»

"¡ESTAD EN VELA Y PREPARADOS!

El vídeo me lo pasaron esta mañana: una playa, unos chicos que llegan del mar... y un mundo que se les echa encima, no para ayudarlos, sino para inmovilizarlos, como si del mar no hubiesen salido seres humanos sino alimañas... Quienes en aquella playa actuaron para inmovilizar a unos jóvenes asombrados aún de haber terminado vivos una travesía en la que es normal terminar muertos, quienes lo hicieron eran hombres y mujeres *"en vela"*, hombres y mujeres *"preparados"*, hombres y mujeres probablemente satisfechos hoy de haber cumplido ayer con el sagrado deber de velar por la legalidad vigente, y de paso, por los propios intereses.

Nada puedo decir a los que a sí mismos, en aquella arena sin calor humano, se constituyeron en guardianes de la ley: no tengo modo de hacerles llegar una palabra que lleve algo de luz de a sus vidas... Pero la he de escribir para cuantos acostumbran a leer este comentario al evangelio de cada semana: *"Estad en vela y preparados, porque a la hora que menos penséis viene el Hijo del hombre".*

A aquella playa llegó el Hijo del hombre, y aquellos hombres y mujeres *"en vela"*, lo trataron como se trata lo impuro, lo que mancha, lo repugnante, lo molesto, lo peligroso...

A aquella playa llegó el Hijo del hombre, y aquellos hombres y mujeres, condenándolo, pronunciaron un juicio de condena sobre sus propias vidas...

A aquella playa llegó el Hijo del hombre, y algo me dice que, muchos de aquellos que lo trataron como si fuera un delincuente, están bautizados en Cristo, y puede que frecuenten las celebraciones de ese extraño cuerpo de Cristo que es la Iglesia: la verdad de nuestra vida, la verdad de lo que somos, no la busquen en los ritos de la religión, búsquenla en los hechos de la playa.

41

Si alguien quiere saber cómo ha de recibir al Hijo del hombre, pregunte a la palabra de Dios, pregunte a los pobres que encuentra en los caminos de la vida, y aprenderá a comulgar sin ofender al Señor.

El hombre de fe, la mujer de fe, precisamente por la fe que los mueve, han conocido al Señor, y han experimentado que *"los ojos del Señor están puestos en sus fieles... para librar sus vidas de la muerte, para reanimarlos en tiempo de hambre"*.

El hombre de fe, la mujer de fe, saben que *"el Señor es su auxilio y escudo"*, y que no hay playa a la que ellos lleguen exhaustos sin que en esa playa los espere una infinita misericordia.

El hombre de fe, la mujer de fe, son conscientes de que es suya la fragilidad vulnerable del pequeño rebaño al que pertenecen, pero saben también que nada tienen que temer, pues el Padre de Jesús, el Padre de todos, *"ha tenido a bien darles el Reino"*.

Por eso, al hombre de fe, a la mujer de fe, Jesús puede decirles: *"vended vuestros bienes y dad limosna; haceos talegas que no se echen a perder, y un tesoro inagotable en el cielo"*.

Señor Jesús: enséñanos a estar en vela, a estar preparados para acogerte cuando llegues, enséñanos a acudirte siempre que te hallemos necesitado; enséñanos a amarte.

¡Ven, Señor Jesús!

FELIZ ABRAZO CON LA HUMILDAD DE DIOS

Esto es lo que, en la asamblea eucarística de este domingo, vamos a escuchar como palabra de Dios: *"procede con humildad"*, *"hazte pequeño en las grandezas humanas"*.

Las palabras del sabio traen a la memoria de la fe el misterio de la encarnación del Hijo de Dios, el cual, *"siendo de condición divina, no hizo alarde de su categoría divina; al contrario, se despojó de su rango, y tomó la condición de esclavo, pasando por uno de tantos"*.

Del ese misterio, que es revelación plena de la humilde pequeñez de Dios, fue representación y figura la *"cuaresma"* que Jesús de Nazaret vivió en el desierto: la Palabra de Dios, encarnada para llevarnos a la libertad de los hijos de Dios, nos liberó haciéndose esclavo, haciéndose último entre los esclavos, último entre los pequeños, último entre los últimos... La Palabra de Dios encarnada, el hombre Cristo Jesús, entró en nuestro desierto... allí, como uno de nosotros, él fue tentado, y allí él fue vencedor, donde nosotros acostumbramos a sucumbir seducidos por las razones del poder...

Las palabras que hoy escuchamos: *"procede con humildad"*, *"hazte pequeño en las grandezas humanas"*, suenan absurdas en el mundo en que vivimos.

Hombres y mujeres de nuestra sociedad, puede que bautizados en Cristo, veneran al tentador, que los seduce ofreciéndoles un pan que no han trabajado, una protección que cubre los riesgos de la condición humana, un poder que se extiende a todo lo que podemos alcanzar con la mirada.

El hecho es que, sin que suenen las alarmas, nuestra razón práctica ha conseguido que conjuguemos fe en Dios y afán de poder, fe en Dios y violencia para dominar, fe en Dios y crueldad para oprimir a los pobres…

He dicho, nuestra razón práctica; podría haber dicho el tentador, la serpiente antigua; podría haber dicho el cierra paraísos, el engaña adanes, el seduce evas…

Cada uno de nosotros habrá de darle un nombre que sea el adecuado a la experiencia personal, pues es una evidencia: hemos llenado el mundo de víctimas de nuestro afán de poder, de dominio, de grandeza… Lo fácil sería nombrar poderosos que están llenando de víctimas los caminos de la humanidad.

Pero de nada nos sirve que los nombremos a ellos, si no nos miramos a nosotros mismos, para discernir qué hemos hecho de la palabra de Dios que hoy escuchamos: *"procede con humildad"*, *"hazte pequeño en las grandezas humanas"*.

Hemos de mirarnos a nosotros mismos, y preguntarnos qué hemos hecho de la Palabra de Dios hecha carne, qué hemos hecho de Jesús de Nazaret, qué hemos hecho del hombre que vino a nuestro desierto para caminar a nuestro lado, para dejar al descubierto los engaños del tentador, para decirnos cuál es el camino de la humanidad nueva… una humanidad libre en la casa que Dios ha preparado para los pobres…

Nos toca escoger mundo. El mundo del poder, seductor, engañador, sólo genera esclavitud y tristeza, sufrimiento y muerte. En el mundo de la Palabra hecha carne, austero como la vida en un desierto, los justos se alegran, gozan en la presencia de Dios, rebosando de alegría…

En el mundo de la palabra hecha carne, nos hacemos presencia viva de Cristo Jesús, imágenes de Dios, que es *padre de huérfanos, protector de viudas*, que *prepara casa a los desvalidos*, que *libera a los cautivos y los enriquece*…

Feliz domingo para quienes hoy escojan la comunión con Cristo Jesús: feliz abrazo con la humildad de Dios…

A LA BÚSQUEDA DE UN PARECIDO CON DIOS

Jesús lo dijo así: "*No podéis servir a Dios y al dinero*".

A Jesús lo habían tentado con esa apariencia de Dios, que es el dinero: "*El diablo le mostró en un instante todos los reinos del mundo, y le dijo: Te daré todo ese poder y esa gloria… todo será tuyo*".

Pero Jesús ya tenía Dios: el Dios de los pobres, el Dios de los pequeños, el Dios de lo perdido, el Dios que se altera de alegría por su única moneda recuperada, por su oveja perdida y encontrada, por aquel hijo suyo, que se había muerto, y que recupera resucitado…

Al Dios de Jesús, al Jesús de Dios, no le interesan los reinos, su poder y su gloria: le interesan los arrojados al borden del camino, los despojados de sus derechos, los heridos en su dignidad… Le interesan ciegos, sordos, mudos, leprosos, poseídos de espíritu malo, ladrones, prostitutas… Al Dios de Jesús, al Jesús de Dios, le interesas tú…

El ídolo, el otro dios, el del poder y la gloria de los reinos del mundo, ese dios sólo tiene ojos para sí mismo; de los pobres, desconoce el sufrimiento, y finge ignorar la existencia; para ese dios, el pobre, ni perro es: es cosa, es objeto, es material utilizable, propiedad de la que puede a su antojo disponer. Ese dios sin alma, ha hecho del mar un cementerio de hombres, mujeres y niños en busca de pan. Ese dios ha hecho de nuestras fronteras un lugar de tormento para hombres, mujeres y niños en busca de futuro. Ese dios no ve, no oye, no siente … es un asesino sin entrañas.

En sus manos está la política y la información. Lo que el evangelista describió como una sugestión diabólica, la visión de los reinos del mundo con su poder y su gloria, hoy es una realidad a la vista de todos, y, todos rendimos homenaje a ese dios, a su poder, a su gloria… No importa si asesina, no importa si atormenta, no importa si legisla contra la esperanza de los últimos… Es dios, y todo lo puede…

Pero tú escucha la palabra del Señor tu Dios: "*Escuchad esto los que oprimís al pobre, los que despojáis a los miserables… los que disminuís la medida y aumentáis el precio… los que compráis por dinero al pobre… Jura el Señor que no olvidará jamás vuestras acciones*".

En el día del encuentro con el Dios de Jesús, no te preguntarán por la misa dominical: te preguntarán por la humanidad que vivaquea a la intemperie en torno a Ceuta y Melilla, te preguntarán por los cementerios en la ruta canaria y en el Estrecho y en el Mar de Alborán y en el Mediterráneo central y en el Mediterráneo oriental. En aquel día, no te preguntarán por tus horas de adoración al Santísimo: te preguntarán por el Santísimo, por el cuerpo de Cristo, por los pobres en los que Cristo Jesús te pidió ayuda, por los hambrientos y sedientos, por enfermos y encarcelados, por inmigrantes y sin techo. En aquel día, Dios nos preguntará por Dios, nos preguntará por su Hijo, y sabremos si hemos pronunciado sobre nuestra vida una bendición o una maldición.

El apóstol lo dijo así: "*Jesucristo, siendo rico, se hizo pobre, para enriquecernos con su pobreza*". Y los discípulos de Jesús intentamos aprender a seguirlo por el mismo camino.

En el día del encuentro, sólo buscarán en nosotros un parecido con el Dios de Jesús, con el Jesús de Dios, que se hizo pobre para "*levantar del polvo al desvalido, alzar de la basura al pobre*".

Feliz comunión con el Jesús de Dios.

LA VERDAD DE UN «*OJALÁ*»

El profeta habla a Dios, y lo hace en nombre de su pueblo.

Primero confiesa lo que Dios es para su pueblo: "*Tú, Señor, eres nuestro padre; tu nombre de siempre es «Nuestro redentor»*".

Luego añade una súplica, que nace de la situación de necesidad en que el pueblo de Dios se encuentra: "*Vuélvete por amor a tus siervos y a las tribus de tu heredad. ¡Ojalá rasgases el cielo y bajases!*"

Con la interjección: ¡*ojalá*! expresamos el vivo deseo de que una cosa suceda.

La pregunta que se nos ha hecho ineludible es relativa a la verdad –a la autenticidad- de ese «*ojalá*», en la vida de cada uno de nosotros.

La autenticidad de nuestro Adviento depende de la verdad de ese «*ojalá*».

Me pregunto si echamos en falta a Dios, y temo que incluso nos moleste lo que aún nos queda de él. No creo que echemos en falta a ese padre. Tampoco creo que lo añoremos como nuestro redentor.

Y si tal fuese la realidad de nuestro mundo de intereses, entonces el primer trabajo de nuestro Adviento, de nuestro camino hacia la Navidad, sería el de hacer surgir en nosotros la verdad de un «*ojalá*».

Nos hemos inventado un cristianismo de hombres y mujeres que acuden a la Iglesia a pedir lo que necesitan para salvarse, un cristianismo de religiosidad individual sin sentido de pertenencia a una comunidad de salvación, sin sentido de pertenencia al cuerpo de Cristo. Lo normal será que no veamos en el nacimiento de Cristo Jesús el comienzo de nuestra salvación, el comienzo de la Iglesia, el comienzo del cuerpo de Cristo que es la Iglesia, nuestro propio comienzo como hijos de Dios en el Hijo de Dios. Y si no nos vemos a nosotros mismos en el misterio de la Navidad, no veo qué motivo podemos tener para alegrarnos celebrando ese misterio, no veo qué motivo podemos tener para pronunciar nuestro *"ojalá"*.

Un Salvador, el Mesías, el Señor, eran nombres que sólo para los pobres podían tener un significado de esperanza. Pero el nuestro es un mundo en el que la mayoría de nosotros, sin dejar de ser pobres, nos sentimos como si no lo fuésemos, y también ese sentimiento de autosuficiencia vuelve a hacer difícil, por no decir imposible, la verdad de un *"ojalá"*.

El hecho es que necesitamos decirlo: *"¡Ojalá rasgases el cielo y bajases!"* Necesitamos aprender a desear con los pobres lo que hemos olvidado como ricos.

"¡Ojalá rasgases el cielo y bajases!": Lo diremos desde la pobreza de nuestras vidas, desde la insignificancia de nuestra fe, desde nuestra ignorancia del evangelio como forma de vida, desde nuestra incongruencia con el evangelio, desde el escándalo que damos a quienes no conocen a Jesús y tienen necesidad de él, hombres y mujeres que lo amarían si nosotros no los hubiésemos escandalizado.

"¡Ojalá rasgases el cielo y bajases!": Lo gritaremos desde las arenas del desierto, desde el fondo del mar, desde los caminos de los emigrantes pobres, desde los campos de concentración, desde la angustia de hombres, mujeres y niños condenados por nosotros a sufrimientos atroces, cuando no a una muerte cruel, despiadada, pensada para hacer sufrir antes de hacer morir.

"¡Ojalá rasgases el cielo y bajases!": Ven hoy a nosotros en tu palabra, ven en tu eucaristía, ven con tu Espíritu. En ese solo imperativo –*"ven"*- alienta nuestro deseo encontrarnos contigo. En ese imperativo guardamos la verdad de nuestro «*ojalá*»: *"¡Ven, Señor Jesús!"*

DIOS CON NOSOTROS EN JESÚS, EN LA IGLESIA, EN LOS POBRES

Ese niño, del que vamos a celebrar el nacimiento, se llamará *"Emmanuel"*, *"Dios con nosotros"*. Y también le llamarán *"Jesús"*. En él la fe verá el rostro de Dios.

"Dios con nosotros": Dios entre nosotros, Dios de nuestra parte, Dios pequeño, Dios frágil, Dios necesitado, Dios último, Dios amenazado, Dios emigrante...

"Dios con nosotros": Dios todo gracia, Dios hijo de la virginidad, Dios hijo de la misericordia, Dios hijo del amor, Dios hijo de Dios.

"Dios con nosotros": La fe de una virgen lo concibió para todos; la fe de un esposo lo recibió para todos; y el cielo le puso un nombre que significa salvación para todos los que creen en él: Al que es *"Dios con nosotros"* el cielo le llamó *"Jesús"*.

"Jesús" es nombre regalado por Dios a la esperanza de los que mendigan sentados a la vera del camino: *"Había un ciego a la vera del camino... Le explicaron: «Está pasando Jesús el Nazareno"...*Y aquel ciego se puso a gritar como loco: *"¡Hijo de David, ten compasión de mí!"... "Jesús se paró y mandó que se lo trajeran"*. Ahora ya no hacía falta que el ciego gritase, sólo faltaba que la fe susurrase la necesidad: *"Señor, que vea otra vez"*, y que el necesitado escuchase la palabra de Jesús: *"Recobra la vista; tu fe te ha curado"*.

"Jesús" es nombre que, pronunciado desde la fe, dice súplica, dice esperanza, dice bendición, dice abrazo.

"Jesús" es nombre de evangelio para los pobres.

"Jesús" es nombre al que se acogen los crucificados que buscan asilo en el corazón de Dios: *"Jesús, acuérdate de mí cuando vuelvas como rey"*.

"Jesús" es también nombre que al *"**Emmanuel**"* le dan los que lo crucifican: *"**Éste es Jesús**, el Rey de los judíos"*.

A ti, Iglesia de hombres y mujeres salvados, Iglesia de crucificados acogidos en el abrazo de Dios, se te concede esperar con fe y celebrar con gozo el nacimiento de tu salvador, el nacimiento de tu Jesús. Es el nacimiento de tu salvación. Es el nacimiento del que será tu eucaristía. De alguna manera, es tu propio nacimiento, pues de ti se dice con verdad que eres *"el cuerpo de Cristo"*. Fue él quien se identificó contigo, cuando se manifestó a tu perseguidor, diciéndole: *"**Yo soy Jesús** a quien tú persigues"*.

También a ti, Iglesia cuerpo de Cristo, se te ha concedido ser sacramento de salvación, signo de unidad, mensajera del reino de Dios, evangelio para los pobres: a ti se te ha concedido ser Jesús.

Y no olvides la cara más desconcertante de este misterio: también los pobres son salvación para ti; también ellos son evangelio para ti; también ellos son Jesús para ti; también ellos son Dios contigo, *"Dios con nosotros"*.

Lo sé que es una locura. Pero tú sabes también que es verdad: Dios se nos hace cercano, familiar, en Jesús, en la Iglesia, en los pobres.

Hoy los ojos de la fe se fijan con admiración, esperanza, agradecimiento y amor en María, Madre de Jesús, Madre de la Iglesia, Madre de los pobres.

Sin la fe, no habría aquel Hijo para aquella Madre, ni habría aquella Madre para aquel Hijo. Sin la fe, Jesús no sería la cabeza de la Iglesia, y la Iglesia no sería el cuerpo de Cristo Jesús. Sin la fe, Jesús no sería salvación para los pobres, ni evangelio, ni camino, ni verdad, ni vida. Sin la fe no hay Jesús. Sin la fe no hay Navidad.

Hoy nos fijamos en María, y aprendemos a creer.

Feliz domingo.

LA FAMILIA DE DIOS

No olvides el mensaje que el cielo trajo a los pastores en la noche del nacimiento de Jesús: *"Os traigo una buena noticia, una gran alegría para todo el pueblo: hoy, en la ciudad de David, os ha nacido un Salvador, el Mesías, el Señor"*.

No olvides tampoco la señal que les dio para que pudieran reconocer aquella alegría, aquel evangelio: *"Encontraréis un niño envuelto en pañales y acostado en un pesebre"*.

Y ahora, con los pastores, vamos nosotros también derechos a Belén, *"a ver eso que ha pasado y que nos ha comunicado el Señor"*.

Fuimos, fuimos todos corriendo, y allí nos encontramos con la familia de Dios: *"Encontramos a María y a José y al niño acostado en el pesebre"*.

Asombrosa familia es ésta, en la que el hijo lo es a su manera, lo es a su manera la madre, y a su manera lo es también aquel padre.

Pero esa familia a su manera, está llamada a ser el modelo de la familia a nuestra manera, de la familia de la fe, de toda familia humana.

En esa familia sagrada encontramos gracia, no privilegios.

Allí, en el niño, está el Hijo de Dios, por medio de quien para todos vinieron la gracia y la verdad. Allí, en la madre, reconocemos a la mujer sobremanera agraciada, a la bendita entre las mujeres, a la madre de la gracia. Allí, en José, veneramos al hombre escogido para ser el custodio de los tesoros de Dios.

Pero donde la fe reconoce a la Sagrada Familia, los ojos –los de Jesús, los de María, los de José, los nuestros- ven la pobreza y humildad del altísimo Hijo de Dios.

Allí no cabe arrogancia sino asombro y agradecimiento.

51

Allí el misterio es tan grande que para muchas cosas, nosotros, como la madre de Jesús, sólo les encontraremos asilo en el secreto del corazón.

El misterio es grande; sin embargo, lo que vemos es siempre pequeño, tan pequeño que podemos tomarlo en brazos como lo tomó el anciano Simeón. Lo que vemos es sólo un niño, un primogénito que ha de ser rescatado; pero la fe permite que en ese niño veamos *"al Salvador"* que nos viene de Dios, al que es gloria de su pueblo y *"luz para alumbrar a las naciones"*.

He dicho: "un niño". Pero tú, que hoy celebras la eucaristía, no tomas en brazos a un niño, sino que recibes, como se recibe un pan, la vida entregada de Cristo Jesús. Y también en este sacramento, donde el Padre, por la acción del Espíritu Santo, te ofrece al que es tu Salvador, vuelves a encontrarlo en pobreza y humildad.

La fe dice: *"La sagrada familia: Jesús, María y José"*. Y los ojos ven a tres pobres, tres perseguidos, tres amenazados, tres fugados, tres emigrados, que son la familia de Dios.

Si la fe se hace carne en nosotros, si lo que creemos se hace vida, si abrazamos la pobreza y humildad del Altísimo Hijo de Dios, él será para nosotros la buena noticia de Dios, el será nuestra alegría, él será la paz que nos visita de lo alto.

Si la fe nos ilumina, nos veremos familia sagrada de Dios en la comunidad eclesial de la que somos parte.

Si la fe nos ilumina, veremos que los pobres, ese mundo de hombres, mujeres y niños que el poder llama "sin papeles", "ilegales", "irregulares", "intrusos", "asaltantes", ellos son familia sagrada de Dios.

Feliz encuentro con Cristo Jesús en la eucaristía, en la comunidad y en los pobres.

LA PAZ SE LLAMA JESÚS

Lo has oído en el evangelio: "*Los pastores encontraron a María y a José y al Niño*". Y has oído también lo que, al ver al niño, esos pastores contaron a María y a José: "*Hemos visto a un ángel del Señor, que nos dijo: _Hoy, en la ciudad de David, os ha nacido un salvador, el Mesías, el Señor*". Y te han recordado también lo que sucedió al cumplirse los ocho días del nacimiento de aquel niño: "*Tocaba circuncidar al niño, y le pusieron por nombre Jesús*".

Ahora tú, que has creído, ya puedes pedirle al profeta otros nombres para tu Señor, para tu Salvador: "*Es su nombre Admirable, Dios, Príncipe de la paz, Padre perpetuo*".

«*Admirable*»: Los pastores, María y José, y todos los que oyeron aquel mensaje del cielo, *se admiraban* de ver en un niño al Salvador, en un recién nacido al Mesías esperado, en tanta fragilidad y pobreza al Señor su Dios. Todos *se admiraban* de que Dios se llamase Jesús, nuestra salvación.

«*Dios*»: Aprende con María y con José a llamar "*mi Dios*" al que llamaban "*mi niño*". Aprende a guardar en el corazón la imagen del niño, pues ese niño es el rostro cercano de *tu Dios*, es su rostro humilde, necesitado, es *tu Dios* que depende de ti para vivir.

«*Príncipe de la paz*»: El que es tu salvación, es tu paz; el que es tu Salvador, es el Príncipe de la paz. Nunca habría paz para ti si para ti no hubiese salvación. Tú llamas paz a la dicha de los rescatados del Señor, a la gloria de los humillados, a la fiesta de los que vivían en tierra de sombras de muerte, a tu dicha, a tu gloria, a tu fiesta, porque en tu Salvador tú has sido rescatada, enaltecida, resucitada.

«*Padre perpetuo*»: Habréis observado, queridos, que en estas tierras, los desvalidos a quienes acudimos con el pan del día o el vestido que los abrigue, nos llaman "papá", "mamá". Ése es el nombre que el profeta da al que ha querido hacerse nuestro pan y nuestro vestido, pues *de Cristo nos alimentamos* y *de Cristo nos han revestido*. En verdad a él y sólo a él le conviene el nombre de "*Padre perpetuo*",

Hoy Dios se llama Jesús; hoy la dicha, la gloria, la fiesta, se anuncia a los necesitados de paz, a los hambrientos y sedientos de justicia, a los que lloran, a los sin trabajo, a los sin techo, a los sin papeles.

Dios mío: Que los pobres conozcan tu rostro, que el emigrante sienta sobre su vida la benignidad de tu mirada, tus ojos de niño, la paz que por esos ojos asoma para abrazar a los que piden ser bendecidos.

Nuestra paz se llama Jesús. Celébrala con agradecimiento. Recíbela con amor.

Feliz año, queridos. Hoy y siempre, feliz Navidad.

MAGOS DE VERDAD

Del 31 de diciembre de 2023: «*Los supervivientes del cayuco hallado a la deriva al sur de El Hierro arrojaron al mar a entre 30 y 40 compañeros fallecidos durante la travesía. Dos helicópteros de Salvamento Marítimo pudieron rescatar a los 15 supervivientes y recoger tres cadáveres que quedaban en el interior de la precaria embarcación.*»

Del 2 de enero que acabamos de vivir: «*Marruecos emprende redadas masivas contra migrantes cerca de Ceuta y Melilla: 1.100 detenidos y cuatro jóvenes muertos.*» *Las autoridades de Rabat han informado de varios operativos del Ejército incluso contra ciudadanos marroquíes que querían cruzar a España. Las muertes se produjeron en Beni Enzar, junto a Melilla, según AMDH Nador.*»

Del profeta Isaías: «*¡Levántate, brilla, Jerusalén, que llega tu luz; la gloria del Señor amanecerá sobre ti!... Caminarán los pueblos a tu luz… Levanta la vista en torno, mira: todos ésos se han reunido, vienen a ti; tus hijos llegan de lejos, a tus hijas las traen en brazos.*»

Del libro de los salmos: "*Dios mío, confía tu juicio al rey, tu justicia al hijo de reyes, para que rija a tu pueblo con justicia, a tus humildes con rectitud. Que en sus días florezca la justicia, y la paz hasta que falte la luna… Él librará al pobre que clamaba, al afligido que no tenía protector; él se apiadará del pobre y del indigente, y salvará la vida de los pobres*".

Se acerca el día de la Epifanía del Señor: ¿A quién preguntaré por la verdad de la profecía? ¿A quién por la verdad de la oración? ¿A dónde van, a dónde caminan los detenidos en Marruecos, los fallecidos del cayuco a la deriva? ¿Qué justicia puede haber, qué libertad, para los muertos en la frontera, para los arrojados al mar después de una muerte atroz en la soledad de un cayuco? ¿Dónde está la piedad con el pobre, dónde la salvación del indigente?

Ésas son preguntas que sólo puedo hacerme a mí mismo, pues soy yo el que dice haber creído, soy yo el que presume de haber escuchado la palabra del Señor, soy yo el que asumí la responsabilidad de cumplirla, es dentro de mí donde se han escrito las palabras de la profecía para que yo las convierta en hechos de salvación, es en mi vida donde la profecía está llamada a hacerse evangelio para los pobres.

La filosofía ha declarado la muerte de Dios.

La tecnología ha evidenciado la inutilidad de Dios.

Y más allá de nuestras filosofías y nuestras tecnologías, Dios nos mira asombrado pues quienes realmente son tratados como inútiles y reducidos a muertos son millones y millones de empobrecidos de la tierra.

Entonces vuelvo a preguntarme por mi fe, no sea que me engañe a mí mismo y piense que estoy honrando a Dios mientras lo estoy aburriendo, olvidando, despreciando, marginando, atormentando, crucificando.

Una fe sin compromiso con los pobres hace mentiroso a Dios.

Una fe sin amor a los hermanos, es una idolatría.

La estrella que guió a los Magos de Oriente hasta la casa donde vieron al niño con María, su madre, hoy nos guía a nosotros para que acudamos a Jesús en los necesitados de misericordia.

Entonces veremos que también los pobres caminan a la luz del Señor, también para ellos florece la justicia.

Y ciérrale la boca a los sabios y entendido que dicen que los Magos de Oriente son una ficción: lo son sólo para quienes no saben de estrellas ni de fe. Para Cristo pobre, nosotros somos Magos de verdad.

APRENDER A DAR VIDA

Hoy somos nosotros quienes se lo decimos a Jesús: "Si hubieras estado aquí, no habría muerto mi hermano".

Si hubieras estado aquí, no se habrían ahogado mis hermanos en el Mediterráneo, en el Atlántico, en el Estrecho de Gibraltar; no habrían muerto desfallecidos de hambre y de sed en los desiertos de África.

Si hubieras estado aquí, mis hermanos no habrían sido desvalijados y humillados y vejados por las fuerzas de seguridad de ninguna frontera.

Si hubieras estado aquí, mis hermanos no habrían sido encerrados en campos de concentración, como si fuesen delincuentes, como si fuesen una amenaza para la sociedad.

Si hubieras estado aquí, mis hermanos no habrían sido deportados como si no tuviesen derechos, como si no tuviesen necesidades, como si no fuesen humanos, como si no fuesen hermanos.

Si hubieras estado aquí...

El corazón me dice que mis hermanos murieron porque con ellos no estábamos nosotros; que tú, Jesús, no podías abrazarlos si no era con nuestros brazos; que no podías compadecerte de ellos si no era desde nuestros ojos; que sólo podías amarlos con nuestro corazón, salvarlos con nuestras manos... pero no estábamos allí. No estábamos allí para salvarte, pues eras tú quien en ellos emigrabas, llorabas, esperabas, sufrías y morías. Eras tú.

Perdón, Jesús, por nuestra falta de fe, por nuestra engañosa seguridad, por nuestra tranquilizante religiosidad, porque te llamamos "resurrección y vida", pero no dimos esperanza a los pobres, no los hemos salvado de la muerte, no hemos sido para ellos lo que confesamos que eres tú para nosotros, no les hemos ofrecido lo que de ti recibimos por tu sola gracia.

Perdón, Jesús, porque confesamos haber muerto y resucitado contigo en el bautismo, porque en la eucaristía comulgamos contigo que eres la resurrección y la vida, porque nos decimos animados por tu Espíritu que es en nosotros prenda de gloria eterna, pero no hemos mirado con piedad al que sufría, no hemos mitigado tu hambre y tu sed en tus hermanos más pequeños, no hemos tendido la mano al que se hundía, no te hemos acudido en tu necesidad.

Que aprendamos, Jesús, a dar vida.

Que aprendamos, Jesús, a ser tu.

LO VES EN TODOS,
Y EN TODOS LO ACOGES,
LO SIRVES, LO AMAS Y LO ACLAMAS

Desde el comienzo de la Cuaresma, de la mano de la Iglesia, madre y maestra, nos hemos acercado al misterio de la Pascua de Cristo: hemos escuchado como discípulos la palabra de Dios, hemos admirado lo que Dios nos revelaba, hemos dado gracias por las maravillas de Dios que conocimos, y, recibiendo el Cuerpo de Cristo, hemos comulgado la palabra escuchada y creída.

Hoy, llevando ramos y palmas en las manos, caminamos hasta el lugar de nuestra asamblea eucarística, cantamos himnos a Cristo nuestro rey, y escuchamos el anuncio de su entrega obediente, la revelación de su anonadamiento, el relato de su pasión.

Esto es lo que hemos hecho; considerad ahora el misterio que estamos viviendo. Nos lo revela la palabra del profeta, que dice a la Iglesia: *"Mira a tu rey, que viene a ti, humilde, montado en un asno, en un pollino, hijo de acémila"*.

Eres pobre, y viene a ti tu rey, el que es para ti el bien, todo bien, sumo bien.

Necesitas paz, y viene a ti tu rey, se acerca humilde a tu necesidad, trae la paz en su mirada, y llena de paz los corazones de tus hijos.

Esperas la salvación, y viene a ti tu rey, Jesús de Nazaret, humanidad de Hijo, en la que Dios ha puesto la salvación del mundo: nació de María, nació para ti en Belén, estuvo en brazos de Simeón, y hoy viene a ti, humilde, tu rey, tu salvador.

Y porque has reconocido a tu rey, porque lo has visto llegar humilde y venir a ti, lo aclamas con gritos de júbilo, cantas para el rey del mundo: "*Bendito el que viene en nombre del Señor*".

"*He ahí a tu rey*": Hoy viene a ti humilde el que un día ha de venir con gloria sobre las nubes del cielo.

"*He ahí a tu rey*": Mientras escuchas la palabra del Evangelio, ves a tu rey en el trono de la cruz, y aunque lo ves clavado de pies y manos al madero, sabes que está viniendo a ti, humilde, para quedarse contigo, para traerte su paz, para ofrecerte su justicia, para hacer contigo una alianza eterna de amor.

"*He ahí a tu rey*": Mientras escuchas la palabra del Evangelio, ves a tu rey que combate por tu vida, por tu libertad, por tu salvación, lo ves cubierto de heridas y abandonado, lo ves, y dejas de aclamarlo con cantos para que lo aclame tu compasión y tu gratitud, dejas de ofrecerle el homenaje de tus ramos para ofrecerle la ternura de tu abrazo, el refugio de tu corazón.

"*He ahí a tu rey*". Hoy lo verás, humilde como el pan, sobre el altar de tu Eucaristía. Si aún no habías entendido la palabra del profeta, que te decía, "*mira a tu rey, que viene a ti*", ahora puedes entender que tu rey viene para ti, para ser tuyo, para ser tu pan, para ser tu alimento, para ser tu vida.

Puede que hoy encuentres a tu rey que viene a ti, humilde como emigrante, herido como niño de la calle, perseguido como hombre o mujer que carece de derechos porque carece de papeles. Si lo encuentras, no olvides que viene a ti, porque necesita acogerse a tu compasión, sentir la caricia de tu gratitud, descansar en tu ternura, cobijarse en tu corazón.

No dejes que se oscurezca la luz de la fe para reconocer a tu rey, pues él viene a ti en su palabra, en su Eucaristía, en sus hermanos, en sus pobres. Y porque lo ves en todas partes, en todas partes lo aclamas, lo acoges, lo sirves, lo amas.

Un día será la Pascua, y verás la gloria de aquel con quien has sufrido y a quien has ayudado. Feliz domingo.

«ES EL SEÑOR»

El que narra los hechos le llama Jesús: "**Jesús** se apareció otra vez a los discípulos".

Y el que lo reconoce, le llama Señor: "Aquel discípulo que Jesús tanto quería le dice a Pedro: «**Es el Señor**»".

Jesús es nombre que da el cronista.

Señor es nombre que da la fe.

El vidente escuchó la voz de millares y millones de ángeles, que decían: "Digno es el Cordero degollado de recibir el poder, la riqueza, la sabiduría, la fuerza, el honor, la gloria y la alabanza". Y tú vas repitiendo con el discípulo amado lo que la fe ha grabado a fuego en tu corazón: "Es el Señor".

El vidente oyó también a todas las criaturas que hay en el cielo, en la tierra, bajo tierra, en el mar, que decían: "Al que se sienta en el trono y al Cordero la alabanza, el honor, la gloria y el poder por los siglos de los siglos". Y tú, discípulo amado, continúas diciendo: "Es el Señor".

Al vidente se le concedió asomarse al misterio de la liturgia celeste, y nosotros, de su mano, nos adentramos en el misterio de la celebración litúrgica de la Iglesia que peregrina en la tierra: El mismo Cordero degollado que es el centro del cielo, el mismo Señor que es el centro del universo, él es el centro de nuestra comunidad eucarística, él es el centro de la vida de cada uno de los fieles.

Cada vez que escuchamos la palabra de las Escrituras santas, la fe va repitiendo: "Es el Señor".

Siempre que nos unimos en oración al pueblo fiel congregado para la Eucaristía, todo nuestro ser sabe que aquella comunidad a la que pertenecemos "es el Señor".

Hoy oímos las palabras del evangelio: "Venid, almorzad"; y también nosotros nos disponemos a comulgar "sin preguntarle quién es" al que nos invita, "sin preguntarle quién es" al que nos alimenta, "sin preguntarle quién es" al que es nuestro alimento, porque sabemos que "es el Señor".

Oímos de hombres, mujeres y niños deportados, humillados, esclavizados, torturados, asesinados en la frialdad obscena de nuestras fronteras, en la perversión infernal de nuestras guerras, y el corazón se precipita de angustia porque, a la luz de la fe, en fronteras y guerras, los discípulos de Jesús vemos que la víctima es siempre al Señor. Los que crucifican, os prohibirán formalmente hablar de sus víctimas. Los que crucifican se hacen la ilusión de que también Dios está de su lado. Pero tú sabes que Dios llora en los crucificados, en ellos sangra, siente terror y angustia, con ellos muere crucificado.

Los que crucifican, los responsables del sufrimiento y de la muerte de Jesús en tantos hijos de Dios, reclamarán tu silencio, intentarán desacreditar tu voz, pero tú no puedes dejar de dar testimonio de lo que has visto: "Es el Señor".

Y a quienes la luz de la fe no les permita aún ver al Señor, que la mirada del corazón compasivo los lleve a cuidar de los pobres, y habrán acudido, aunque no lo sepan, a Cristo el Señor.

Feliz encuentro con el Señor en el misterio de la Eucaristía y en la vida de los pobres.

Feliz domingo.

CONFESIÓN, CÁNTICO, SOSIEGO...

El salmista lo había dicho de su Dios: "*El Señor es mi pastor, nada me falta*". Y tú, que recuerdas lo que Jesús dijo de sí mismo: "*Yo soy el buen pastor, que conozco a mis ovejas, y las mías me conocen*", entiendes que él es sacramento de Dios buen pastor, él es Dios buen pastor en carne y hueso, Dios buen pastor a la vista de todos.

Entonces haces tuyas las palabras del salmista para confesar lo que has conocido de Jesús y de tu Dios: "*El Señor es mi pastor, nada me falta*".

Esa confesión tuya, Iglesia cuerpo de Cristo, lleva dentro un cántico de acción de gracias, y te deja confiada en brazos de Dios, sosegada como un niño en brazos de su madre o de su padre.

Confesión, cántico, sosiego, se adivinan en el cuerpo crucificado del ladrón a quien Jesús llevó consigo hasta Dios, en corazón y labios de Zaqueo en cuya casa entró la salvación, en la rutina familiar de Marta y María que, con la vida de su hermano Lázaro, han visto regresar a su casa la alegría, la fe y la esperanza.

Confesión, cántico, sosiego, los imaginas presentes en todos aquellos que, encontrándose con Jesús, de él han recibido libertad, salud, salvación, luz y consuelo...

Confesión, cántico, sosiego, han puesto su tienda en el corazón y en los labios de María de Nazaret visitada por la misericordia de Dios, enaltecida por su gracia, dichosa por la fe.

Confesión, cántico, sosiego, se reconocen presentes en Zacarías e Isabel, esposos fecundos en una ancianidad estéril; y en las palabras de Simeón, profeta asombrado ante el sacramento de la salvación que ha podido tomar en sus brazos.

Pero aún has de considerar un misterio mayor, pues confesión, cántico, sosiego, saben a plenitud cuando las palabras de la oración resuenan dichas por Cristo resucitado: "*El Señor es mi pastor, nada me falta: en verdes praderas me hace recostar; me conduce hacia fuentes tranquilas y repara mis fuerzas*". Todo en el salmo se llena de verdad y novedad cuando lo dice el que se levanta victorioso de la muerte: "*Él me guía por el sendero justo... Aunque camine por cañadas oscuras, nada temo, porque tú vas conmigo... Tu bondad y tu fidelidad me acompañan todos los días de mi vida, y habitaré en la casa del Señor por años sin término*".

Eso que, dicho por Jesús, es plenamente verdadero y nuevo para él, lo es también para ti, Iglesia cuerpo de Cristo, si lo dices juntamente con él, si haces tuya su confesión, su cántico, su sosiego, si con él vas diciendo: "*El Señor es mi pastor, nada me falta*".

Y a ese cantar de amor, que es de Cristo Jesús y es tuyo, aún se ha de unir otro cantor, un cantor que tal vez nunca os haya conocido, y no sepa que él mismo es sacramento de Cristo Jesús, pero que un día, con tu Señor y contigo, terminará cantando el mismo salmo, haciendo la misma confesión, gozando del mismo sosiego: "*El Señor es mi pastor, nada me falta*".

Leo que, desde 2018 hasta hoy, en las rutas de acceso a las fronteras de España han fallecido 11.522 emigrantes. No sé cuántas son las mujeres asesinadas en el mismo período de tiempo. No sé cuántos son los inocentes abusados. No sé cuántas son las víctimas de la iniquidad humana.

Las palabras de tu salmo sonarían a sarcasmo si evocadas por quienes crucifican a los pobres: "*Que Dios los libre, si tanto los quiere*".

Confesión, cántico, sosiego no son para epulones que banquetean como si los pobres no existiesen, no son para legisladores de iniquidad que empujan a los pobres a la muerte, no son para escribas y fariseos satisfechos de sí mismos y presuntuosos delante de Dios.

Confesión, cántico, sosiego, son para Cristo Jesús, para ti que eres su cuerpo, para los pobres en quienes cuidas de él.

"DICHOSOS LOS POBRES":
LO DICE UN TESTIGO

Lo vas a oír repetido en esta celebración: *"Dichosos los pobres en el espíritu, porque de ellos es el reino de los cielos"*.

La primera vez serás tú mismo quien lo digas y lo vuelvas a decir, confirmando con tu estribillo el canto del salmista. Él va cantado sus locuras: *"El Señor hace justicia a los oprimidos"*... *"El Señor da pan a los hambrientos"*... *"El Señor liberta a los cautivos"*... Y tú lo secundas con la tuya: *"Dichosos los pobres"*...

Después lo escucharás dicho por Jesús, en una letanía de dichosos inesperados, de bienaventurados sorprendentes, de vecinos extraños en el barrio de la felicidad: *"Los pobres, los que lloran, los sufridos, los que tienen hambre"*...

Y aún lo escucharás cantado a la hora de tu comunión con Cristo Jesús: *"Dichosos los pobres en el espíritu, porque de ellos es el reino de los cielos"*. Y entonces, a un tiempo, se te harán luminosas la celebración y la vida, pues para la fe, esa hora es también de comunión de Cristo Jesús con tu pobreza.

Pero, si en vez de preguntar a tu fe preguntas a tus ojos, se diría que dichosos no son precisamente los pobres, los que tienen dificultad para llegar sin sobresaltos al fin de mes, los que pertenecen a la humanidad desnutrida, los de la humanidad explotada, los de la humanidad arrojada y abandonada al borde del camino...

Si preguntas a los ojos, te dirán que los pobres, los de pedir, se quedan fuera de la iglesia, y mendigan a la puerta migas de la mesa de los fieles, sin que ese intercambio de migas deje ver ninguna dicha, ni en quien da ni en quien recibe.

Me pregunto si pertenezco a una comunidad de pobres en los que Dios se ha fijado y de los que Dios se ha hecho servidor, o somos más bien un grupo de hombres y mujeres piadosos, que se reúne cada domingo para cumplir con sus deberes religiosos.

Me pregunto si, al decir: "*Dichosos los pobres*", pienso en la comunidad reunida para la eucaristía para la eucaristía.

Me pregunto si, al decir: "*Dichosos los pobres*", la mente y el corazón van a Jesús de Nazaret, a la Palabra de Dios hecha pobre, a la Palabra de Dios entre los pobres.

Me pregunto si, al decir: "*Dichosos los pobres*", pienso en nuestra comunión con Cristo Jesús, en la dicha de ser pobre con él, en la dicha de saberlo pobre conmigo.

Me pregunto si, al decir: "*Dichosos los pobres*", me siento en comunión con todos los pobres de la tierra.

Me pregunto si yo mismo y la comunidad eucarística a la que pertenezco, podemos dar testimonio, porque lo hemos visto, porque lo hemos experimentado, de que son verdaderas las palabras de Jesús: "*Dichosos los pobres*".

Me pregunto si soy pobre y dichoso.

Me pregunto si soy cristiano.

La fe nos lleva a preguntarnos por nuestra comunión con Cristo Jesús. Él da testimonio de que Dios ama a los pobres; él es la evidencia de que Dios está con los pobres; él se ha hecho pobre para enriquecernos con su pobreza.

Si ser cristiano es estar en comunión con Cristo Jesús, entonces la vida de la comunidad eclesial, la vida de cada uno de nosotros, como la de Jesús, ha de dar testimonio de que nuestro Dios es Dios de los pobres, es bienaventuranza de los pobres, es todo de los pobres: "*Sustenta al huérfano y a la viuda... ama a los justos... guarda a los peregrinos*".

Feliz comunión con Cristo Jesús y con los pobres.

DE LEPROSOS Y MOMIAS

Así se podría resumir el evangelio de hoy: *"Curó a muchos enfermos de diversos males"*.

Con esos relatos asombrosos de enfermos curados y endemoniados liberados, el evangelista muestra que, en Cristo Jesús, se está cumpliendo lo dicho por el profeta Isaías: "Él *tomó nuestras dolencias y cargó con nuestras enfermedades"*.

Considéralo con atención: Jesús no es un mago que nos deslumbra y de paso nos engaña; tampoco es un médico que hace lo que sus conocimientos le permiten hacer por devolver la salud a un enfermo. Jesús es la Palabra de Dios que se hizo carne para hacerse con nuestras dolencias y nuestras enfermedades.

Yo era el leproso, y Jesús se quedó con mi lepra. Yo era el ciego, y Jesús se quedó con mi oscuridad. Yo era el muerto, y Jesús, muriendo y resucitando, tomó consigo mi muerte para que yo me quedase con su vida.

Aquella mujer de la que habla el evangelio –la suegra de Simón-, postrada en cama con fiebre, es figura que bien te representa, Iglesia cuerpo de Cristo: más que a ella, mucho más que a ella, a ti se acercó el Señor; a ti te tomó de la mano el que es tu salvador; a ti te liberó el que por ti se entregó a sí mismo para consagrarte, para purificarte, para que fueses santa e inmaculada; a ti te levantó el que te resucitó.

Y habrás caído en la cuenta de que Jesús es también respuesta de Dios a las quejas de Job, más aún, es la respuesta de Dios al lamento de los humildes, al abandono en que yacen los arrojados a un espacio sin luz y sin esperanza: Con Jesús vuelve la dicha al corazón, la vida se eterniza en esperanza, y ya no preguntamos: *"¿cuándo me levantaré?"*, porque nos sabemos levantados con Cristo, resucitados con él, enaltecidos con él y sentados con él a la derecha de Dios en el cielo.

Hemos dicho que *"nos sabemos"* levantados con Cristo, resucitados con él. Pero aún hay algo más que hemos de considerar, pues hoy, no sólo recordamos lo que ya *"sabemos"*, lo que ya hemos recibido, sino que nos encontramos con el que todo nos lo ha dado: hoy escuchamos su palabra; hoy, comulgando, nos hacemos uno con él, y en este admirable sacramento, revivimos el más admirable intercambio que el amor de Dios ha hecho posible: Cristo Jesús viene a nosotros y nosotros vamos a él; el que *"tomó nuestras dolencias y cargó con nuestras enfermedades"*, hoy, en la eucaristía, nos hace partícipes de la vida misma de Dios.

Ahora, con Job visitado por la gracia, con la suegra de Simón que ha sido levantada de su postración, con los enfermos que han sido curados, con los poseídos que han sido liberados, hacemos nuestra la oración del Salmista: *"Alabad al Señor... Él sana los corazones destrozados, venda sus heridas... El Señor sostiene a los humildes, humilla hasta el polvo a los malvados"*.

Y el corazón, Iglesia cuerpo de Cristo, intuye que a tu cántico de alabanza se suman todos los humildes del mundo, todos los que fueron abandonados por los bandidos al borde del camino, todos los sacrificados por los idólatras a la crueldad del dinero, todos los ahogados en el mar sin entrañas de la indiferencia.

Con los humildes, con los abandonados, con los sacrificados, con hambrientos y sedientos, cantamos una alabanza que bandidos e idólatras jamás podrán comprender ni gustar: *"Dichosos los que lloran, porque ellos serán consolados. Dichosos los que tienen hambre y sed de la justicia, porque ellos serán saciados"*.

Feliz eucaristía.

Feliz encuentro con la dicha: se llama Cristo Jesús.

P.S.: Lo acabo de leer:

"Pateras a la deriva aparecen con emigrantes momificados en Brasil".

Mientras la ortodoxia pierde el sueño por una bendición, los hijos de Dios, abandonados de todos, ignorados por todos, despreciados por todos, exprimidos por todos, también por el sol y la sal, se momifican en una patera a la deriva. Esos muertos han conocido el dolor de Job y la soledad atroz de los echados fuera del campamento. Esos muertos te necesitan, Jesús, y ya sólo tú puedes convocarlos a la vida. Y aquellos otros hermanos suyos que harán mañana su mismo camino, también ellos te necesitan, y hemos de ser nosotros, tu cuerpo, tu corazón y tus manos, quienes los ayudemos a vivir.

DEVOLVER LA VERDAD
A LAS PALABRAS

Cuando aquel pueblo suyo estaba naciendo de su amor, Dios lo soñó como una heredad preciosa a sus ojos, la más querida para él: *"Vosotros seréis mi propiedad personal entre todos los pueblos… seréis para mí un reino de sacerdotes y una nación santa".*

Y así vio Jesús, en los días de su misión, al pueblo con el que Dios había soñado: *"Gentes extenuadas y abandonadas… como ovejas que no tienen pastor",* humanidad enflaquecida, debilitada, como si nadie jamás la hubiese amado.

Jesús ve, se compadece, y apremia a sus discípulos para que importunen a Dios: *"que mande trabajadores a su mies",* trabajadores que vean a los oprimidos por el mal y se compadezcan de ellos, hombres y mujeres que, para aquella mies, sean ojos, corazón y manos de Dios, y expulsen espíritus inmundos, echen demonios, limpien leprosos, curen toda enfermedad y dolencia, resuciten muertos, hagan realidad en el campo del mundo el sueño de Dios.

Eso fue Jesús: un obrero de Dios entre los pobres; un ungido por el Espíritu del Señor, un enviado a ser buena noticia para los pobres.

Eso quiso Jesús que fuesen sus discípulos. Primero les dio autoridad, que es algo así como darles el Espíritu Santo que él había recibido. Y después los envió, como él mismo había sido enviado, a *"proclamar que el reino de los cielos está cerca",* que otro mundo es posible, que en el reino hay lugar para todos los que van por la vida *"como ovejas sin pastor".*

Y eso mismo estamos llamados a ser hoy los que llevamos el nombre de Cristo Jesús, los que hemos sido bautizados en ese nombre para seguir de cerca los pasos de Cristo Jesús, para que él viva en nosotros, para que nosotros vivamos en él: hombres y mujeres con el Espíritu de Jesús, hombres y mujeres que, con la autoridad de Jesús, se enfrentan al mal que aflige a la humanidad.

Eso es lo que estamos llamados a ser, pero no parece que lo seamos.

No es tan difícil identificar el que es hoy mundo rico con el que fue hasta hoy mundo cristiano.

No es tan difícil ver en la injusta riqueza de ese mundo rico la causa de la inhumana pobreza que aflige a la mayor parte de la humanidad.

No es tan difícil identificar como contraria al evangelio, contraria a la encarnación de la Palabra divina, blasfema contra el Dios de Jesús de Nazaret, contraria a la fe cristiana, una religión que tranquiliza las conciencias mientras los pobres mueren a millones sin que ni siquiera les permitamos que se acerquen al pan –horror en un naufragio en el mar Jónico: *"ni rastro del centenar de mujeres y niños que viajaban en la embarcación"*-.

No es tan difícil constatar que, si dejamos morir a los pobres, profanamos la palabra de la revelación, hacemos blasfemas nuestras oraciones, que no pasarán de ser un insulto a la piedad de Dios, una burla siniestra de la compasión de Cristo Jesús. Hoy se me helaron en los labios las palabras del invitatorio matutino a la oración: *"Aclama al Señor, tierra entera, servid al Señor con alegría, entrar en su presencia con vítores. Sabed que el Señor es Dios, que él nos hizo y somos suyos, su pueblo y ovejas de su rebaño"*.

Los pobres, desde sus cuerpos olvidados en desiertos y mares y fosas comunes, son el tornasol que deja a la vista la acidez engañosa y corrosiva de nuestras vidas.

Entonces una voz dentro de mí recuerda que tal vez sean ellos, ellos solos, los que pueden rezar con verdad las palabras del invitatorio. Los demás, si la gracia de Dios no lo remedia, sólo las profanamos.

ME ACOMPAÑAN
TU VERDAD Y TU BONDAD

Sabéis por experiencia que la relación de Dios con el hombre se vive normalmente en la evidencia del dolor y en la oscuridad de la fe, y no os sorprende que la palabra de Dios vuelva una y otra vez sobre esta experiencia que, para los creyentes, es particularmente angustiosa, pues al sufrimiento que traen consigo los afanes de la vida, se añade el más amargo aún del silencio de Dios, silencio que percibís como signo de su ausencia, tal vez como indicio de su inexistencia, aunque vuestra fe intuya que es su forma más profunda de presencia.

Hoy el Lector proclamó en nuestra asamblea litúrgica las palabras de la profecía de Jeremías: *"Oía el cuchicheo de la gente: «Pavor en torno». Delatadlo, vamos a delatarlo, mis amigos acechaban mi traspié. A ver si se deja seducir y lo violaremos"*. Luego, como si hiciésemos nuestra la angustia del profeta, hicimos nuestra su oración: *"Por ti he aguantado afrentas, la vergüenza cubrió mi rostro. Soy un extraño para mis hermanos, un extranjero para los hijos de mi madre"*.

Tal vez por su necesaria sobriedad, tal vez por motivos de índole pastoral, la liturgia, en el salmo responsorial de este domingo, nos privó de palabras que, sin embargo, parece oportuno recordar. El salmista comenzó su poema con una llamada de socorro, un grito capaz de llegar, desde el abismo en que nace, al cielo de los cielos donde Dios habita: *"¡Sálvame, Dios, que me llega el agua al cuello! Me hundo en un cieno profundo y no puedo hacer pie; me he adentrado en aguas hondas y me arrastra la corriente. Estoy fatigado de gritar, tengo ronca la garganta, se me nublan los ojos de tanto aguardar a mi Dios"*.

Detrás de las palabras de la oración podéis reconocer la súplica de un creyente desterrado, el lamento de un Job desahuciado, el grito de un Jesús crucificado, la angustia de una humanidad herida y sola, sin amigos y sin Dios, pues los *"amigos* –lo dijimos en nuestro lamento- *acechan mi traspié"*, y ¡qué decir de Dios!, también hasta él llegó hoy nuestro reproche: *"¡Se me nublan los ojos de tanto aguardarlo!"*.

No soy capaz de imaginar –porque la angustia resultaría insoportable- lo que siente un hombre, una mujer, un niño, a quienes la muerte se acerca en forma de hambre, de frío, de fuego, de esclavitud, de guerra, de terror. Pienso en los hombres y mujeres de África que se empujan por hacerse con un lugar en pateras y cayucos, y, como cuchillos, me vienen a la memoria las palabras de la oración que tú, Señor, nos inspiraste: *"Que no me arrastre la corriente, que no me trague el torbellino, que no se cierre la poza sobre mí"*.

Queridos: La vida nos invita a que hagamos discernimiento de la imagen que tenemos de Dios, un discernimiento que será necesariamente doloroso. Si tú le preguntas a Dios, te responderá su verdad. Si tú le pides a Dios, te responderá su bondad. Pero "su verdad" y "su bondad", aunque podamos experimentarlas, no pueden quedar encerradas en nuestras experiencias, ni definidas en nuestras palabras, ni siquiera pueden ser intuidas en nuestras expectativas; "su verdad" y "su bondad" sobrepasan el ámbito de nuestras sensaciones y de nuestra inteligencia tanto cuanto el Creador sobrepasa el ser de la criatura.

El creyente expresará la bendición, la alabanza y la acción de gracias a Dios, cuando experimente en la fe los signos de la verdad de Dios y de su bondad; pero cuando la verdad y la bondad divinas se le oculten en el misterio, y el hombre vea que se cierra sobre él la poza de la mentira y el mal, entonces sólo le quedará ante su Dios el grito y el reproche.

Dios mismo inspira el reproche que le hacemos: "*¡Se me nublan los ojos de tanto aguardar a mi Dios!*". Y Jesús, el Hijo de Dios, el Hijo del hombre, arrollado por el torbellino de la maldad y la mentira, gritará la pregunta más humana y más oscura que se puede hacer a Dios: "*Dios mío, Dios mío, ¿por qué me has abandonado?*"

Te habrás dado cuenta, hermano mío, que reproche y grito de los pobres nacen de la fe. No habrá reproche si no hay un Dios bueno a quien interpelar; no habrá grito sino no hay un Padre fiel a quien gritar. Reproche y grito son confesión de la bondad y la fidelidad de Dios: "*Mi oración se dirige a ti, Dios mío, el día de tu favor; que me escuche tu gran bondad, que tu fidelidad me ayude*".

En realidad será la fe, sólo la voz de la fe, la que responderá a ese reproche y a ese grito. Lo da a entender el profeta cuando dice: "*El Señor está conmigo, como fuerte soldado*", "*el Señor escucha a sus pobres, no desprecia a sus cautivos*"; sólo la fe le asegura al profeta que el Señor está con él; sólo la fe le confirma que el Señor escucha a sus pobres; sólo en la fe encuentra la certeza de que el Señor no desprecia a sus cautivos.

Por eso, aunque "*la poza*" amenace con cerrarse sobre el creyente, aunque en su cruz haya de entregar la vida, en él se hace siempre más fuerte la esperanza. Las palabras del salmista lo dejan entrever: "*Pero a mí, pobre y malherido, tu salvación, Dios, me encumbrará. Alabaré el nombre de Dios con cantos, te engrandeceré con acción de gracias*". Las palabras de Jesús en la cruz son puro milagro de esperanza: "*Padre, a tus manos encomiendo mi espíritu*".

Ahora ya podemos escuchar las palabras del evangelio: *"No tengáis miedo a los hombres", "no tengáis miedo a los que matan el cuerpo", "no tengáis miedo"*. Considera, Iglesia santa, quién las dice: No es un vencedor, sino un vencido; no es un poderoso, sino un débil; no es un rico, sino un pobre; no es un verdugo, sino una víctima. Las que acabas de oír son palabras de Jesús, el Hijo del hombre que ha venido a servir, el crucificado, el abandonado de todos, el abandonado de Dios, el Señor de la esperanza. Considera también a quién dice Jesús esas palabras: No es a vencedores, sino a vencidos; no es a poderosos, sino a débiles; no es a ricos, sino a pobres; no es a verdugos, sino a víctimas. Las que acabas de oír son palabras de Jesús a sus apóstoles, a sus enviados, a sus testigos, a sus mártires. Jesús les dice, *"no tengáis miedo"*, porque sabe que el destino de los suyos, como su propio destino, es pasar por situaciones en las que será normal sentir miedo. Si nuestro camino es el de Jesús, si nuestra vocación es cargar con la cruz de cada día y seguir a Jesús, si lo previsible en nuestra vida es la oposición del mundo, entonces lo previsible para todos nosotros es el miedo, y lo necesario es la esperanza, la certeza de que *"el Señor está con nosotros"*. ¿Recuerdas la despedida de Jesús, sus últimas palabras en la tierra de Galilea?: *"Yo estaré con vosotros hasta el fin del mundo"*.

Hoy he oído, dichas para mí, las palabras del evangelio, palabras de Jesús a sus apóstoles, las he guardado en el corazón y he pedido a la memoria que me las recuerde siempre: *"No tengáis miedo"*.

Al mismo tiempo, corazón y memoria me devuelven la imagen de mi África enferma y pobre, hambrienta y oprimida, mi África sin papeles y sin derechos, mi África pasajera de cayucos y pateras.

Hoy hago mías para repetirlas a los pobres de la tierra, las palabras del Señor: *"No tengáis miedo"*, *"yo estaré con vosotros"*. Éstas son hoy palabras que el cuerpo de Cristo, la Iglesia, quiere llevar a todos los que están necesitados de esperanza: *"No tengáis miedo"*, *"yo estaré con vosotros"*. Si me toleraseis una locura, os diría que dejásemos de preocuparnos por la Iglesia y por nuestra salvación, para buscar entre todos el modo de aliviar el dolor de la humanidad herida. Podéis estar seguros de que, obrando así, estamos haciendo Iglesia, y nos disponemos a entrar, como bendecidos de Dios, en el Reino que él ha preparado para nosotros desde antes de la creación del mundo.

Feliz domingo.

APRENDIENDO A JESÚS

Para el niño que fui, el verbo *recibir* significaba *comulgar*. En aquel tiempo la fe decía sencillamente que, comulgando, es decir, recibiendo y comiendo el Pan de la eucaristía, recibíamos a *"nuestro Señor"*.

En el evangelio de este domingo es Jesús el que conjuga el verbo *recibir* y le da un significado que vuelve a ser sinónimo de *comulgar*. Quien recibe a sus apóstoles, está recibiendo a Jesús mismo –comulga con él-; y quien recibe a Jesús, está recibiendo al que lo ha enviado, que es como decir que está comulgando también con el Dios y Padre de nuestro Señor Jesucristo.

En los días del niño que fui, recibir a Jesús, quererle, me parecía fácil, bonito, agradable: era cosa de domingos y de fiestas.

Después fue el mismo Jesús quien me enseñó que la cosa no era tan así: que ese quererle a él había de estar por encima de todo otro querer; que recibirle a él llevaba consigo asumir la propia cruz; que comulgar con él implicaba *"perder la vida por él"*; y que aquello era cosa de todos los días, incluidos domingos y fiestas.

Pero aquello no era una desdicha: quien haga de ese modo el camino del discípulo, terminará por constatar asombrado, dichoso y agradecido que la vida perdida –esa vida regalada- ha sido una vida lograda, plena, verdadera.

A esos discípulos que todo lo han encontrado porque todo lo han perdido es a quienes se refiere el cántico del evangelio: *"Vosotros sois una raza elegida, un sacerdocio real, una nación consagrada"*. Es a ellos a quienes se dice: *"Proclamad las hazañas del que os llamó a salir de la tiniebla y a entrar en su luz maravillosa"*.

Ésas son paradojas del Reino de Dios: Quien se queda con la propia vida, la pierde; quien la pierde por Cristo Jesús, ése la encontrará. Quien se queda con la propia vida, se aleja triste con sus muchas riquezas; quien la pierde por Cristo Jesús, quien comulga con él y con los pobres, "*cantará eternamente las misericordias del Señor, anunciará la fidelidad de Dios por todas las edades*".

No podré comulgar con el Señor sin morir a mí mismo. No podré recibir al Señor sin vaciarme de mí mismo.

He dicho: "*recibir al Señor*"; y el evangelio me recuerda que se trata de recibir a discípulos, a profetas, a justos; y la memoria de la fe golpea la puerta de mi vida reclamando comida para los que tienen hambre, bebida para los que tienen sed, vestido para los que están desnudos, acogida para emigrantes, calor humano para los que viven en soledad, comida, bebida, vestido, acogida y calor humano para Cristo Jesús con quien comulgamos, para el Señor a quien queremos recibir.

El evangelio y la fe piden que reciba a Cristo Jesús como él me ha recibido.

Como el niño aprende de su madre y de su padre, habré de contemplar y aprender a Cristo Jesús en la escuela de la encarnación, habré de aprender su abajamiento, su vaciamiento de la condición divina, su tomar la cruz y negarse Dios a sí mismo para buscarme, la entrega de su vida para amarme hasta el extremo, para recibirme, para devolverme en la condición de hijo a la casa de Dios.

Y lo aprenderé también en la escuela de la eucaristía, contemplando a quien quiso ser Pan del cielo sobre mi mesa, para que, al recibirlo –al comulgar con él–, recibiese vida eterna e hiciese de mi vida un pan sobre la mesa de los pobres.

El niño que soy continúa aprendiendo a ser lo que ha creído, a ser lo que comulga, a ser pan, a ser Jesús.

Feliz domingo.

"AUNQUE ES DE NOCHE"

He decidido traer a este domingo palabras que escribí hace doce años.

Fueron escritas desde una noche que, aquel año, apenas se dejó insinuar en la fiesta de nuestra eucaristía: «Hoy, aunque es de noche, la Iglesia convoca a la tierra entera para que toda criatura se una a su alabanza en un himno de aclamación al Señor: *"Aclamad al Señor, tierra entera"*. Hoy, aunque es de noche, los verbos de nuestra celebración son imperativos de fiesta: *"Festejad, gozad, alegraos"*, *"aclamad, tocad, cantad"*».

Desde entonces, para los pobres, para los emigrantes, no ha dejado de ser noche; y para ti, Iglesia cuerpo de Cristo, Iglesia de los pobres, nunca dejará de ser un imperativo la alegría.

En lo que va de semana, aún no hemos hecho el recuento de los muertos en la frontera de Melilla. Puede que ese recuento nunca se haga, porque es de noche; puede que nada más se diga de los heridos, porque es de noche; puede que ya nadie vuelva a preguntar por los que han sobrevivido, porque es de noche. Y, en esta noche de los pobres, noche de la justicia, noche de la conciencia, noche de la humanidad, hoy como hace doce años, en la eucaristía, recordamos y celebramos misterios de gozo: «Recordamos con el salmista los caminos de la Pascua por los que el Señor llevó a su pueblo desde la tierra de la esclavitud a la tierra de la libertad: *"Él transformó el mar en tierra firme, a pie atravesaron el río"*. Recordamos con el profeta las palabras de la promesa de Dios a Jerusalén, palabras que abrían el futuro al paso de los rescatados del Señor: *"Yo haré derivar hacia ella como un río la paz..."*».

Hay algo en las palabras del salmo que atraviesa como una burla la carne de los pobres: *"Él transformó el mar en tierra firme, a pie atravesaron el río*". La tierra firme de la frontera de Melilla no fue para los emigrantes un lugar de salvación, no fue para ellos una tierra de libertad, nadie en esa frontera hizo derivar hacia ellos "*como un río la paz...*".

Entonces me fijé en Jesús que sube a Jerusalén, en el hombre Cristo Jesús que está subiendo hacia su frontera, hacia su pasión y su cruz, hacia la muerte y la vida, hacia su noche, hacia Dios. Si las refiero a Jesús, las palabras de la liturgia dejan de ser burla para ser revelación. «Con Jesús suben a Jerusalén la paz y la misericordia. En Jesús que va hacia su noche, Dios consuela a su pueblo. Por Jesús, los extraños entramos como hijos en el Reino de Dios.»

Me fijé en Jesús y entendí que sólo él, sin ofenderlos, puede decir a los pobres las palabras de la oración: "*Venid a ver las obras de Dios... Venid a escuchar, os contaré lo que ha hecho conmigo*". Sólo él se las puede decir.

Y aprendí que la Iglesia puede decirlas, sin ofenderlos, si las dice desde la misma cruz de los pobres, desde la misma cruz de Jesús, desde la misma frontera, desde la misma patera.

Las palabras de nuestra liturgia dominical dejan de ser una burla sólo si las dice Cristo crucificado, sólo si las dicen los crucificados con Cristo, los pobres, los sin derechos, los condenados a muerte en los caminos de la inmigración. Las palabras de la liturgia dejan de ser una burla sólo si las decimos con Cristo y con los pobres.

«Hoy, Iglesia amada del Señor, convocas al mundo entero a tu domingo, a tu fiesta, que no es sólo memoria de un pasado glorioso o esperanza de un futuro mejor, sino que es acontecimiento salvador, encuentro con Cristo tu Señor», abrazo en Cristo tu Señor a cuantos son su cuerpo sufriente.

Hoy, con el Salmista, con Jesús, con los pobres, aunque es de noche, vas diciendo: "*Venid a ver las obras de Dios... os contaré lo que ha hecho conmigo*".

No hagas mentiroso a Dios: «Reparte con los pobres tu paz y tu pan, e invítalos a tu fiesta. Que también ellos puedan aclamar y tocar y cantar. Que puedan alegrarse siempre contigo, aunque es de noche».

Feliz domingo, aunque es de noche.

PRÓJIMO DE LOS POBRES: PRÓJIMO DE DIOS

El prójimo del que habla la liturgia de este domingo es en primer lugar la palabra del Señor, su ley, mandamiento: "El mandamiento está *muy cerca de ti*", tan próximo a ti que está dentro de ti, "en tu corazón y en tu boca".

No interpretarás mal, Iglesia cuerpo de Cristo, si donde has oído que se dice "mandamiento", "ley" o "palabra", tu fe entiende que se dice "*Dios*", pues se trata siempre de que "escuchemos *la voz del Señor*", de que, "con todo el corazón y con toda el alma, nos convirtamos *al Señor nuestro Dios*".

Eso quiere decir que el prójimo del que oímos hablar en este día, es en primer lugar nuestro Dios; y si lo es él, lo es también su fidelidad, su gran bondad, su gracia, su compasión.

Pero no has hecho más que asomarte a ese misterio: el mismo Dios que se nos había hecho cercano en la humildad de su palabra, al llegar la plenitud de los tiempos se nos hizo prójimo en su Palabra hecha carne. En Jesús de Nazaret, Dios se hizo salud para enfermos, liberación para endemoniados, limpieza para leprosos, abrazo de excluidos, perdón de pecadores, evangelio para los pobres, prójimo de todos.

Hoy, en la eucaristía, hacemos memoria de Cristo Jesús, de su vida entregada, de su amor hasta el extremo, de su cercanía a nuestra vida. Y en Cristo Jesús, Dios está hoy más cerca de nosotros de cuanto lo pueda estar el sacramento que celebramos, la palabra que escuchamos, el pan de vida eterna que comemos. Hoy, en Cristo Jesús, Dios está tan cerca de nosotros que su Espíritu nos unge y nos penetra y nos transforma y hace de nosotros un solo cuerpo, un solo espíritu.

Ahora, Iglesia de Cristo, comunidad de "llamados a la libertad", escucha la palabra en la que Dios se te acerca: "Amarás al Señor, tu Dios, con todo tu corazón y con toda tu alma y con todas tus fuerzas y con todo tu ser. Y al prójimo como a ti mismo". Amarás al que a sí mismo se perdió por ti, al que te amó con todo su ser, al que quiso ser tuyo como lo es la palabra que escuchas, como lo es el pan que comulgas. Y amarás "al prójimo como a ti mismo".

No te engañarás, hermana mía, hermano mío, si entiendes que, cumpliendo el mandato de "amar al prójimo como a ti mismo", cumples al mandato de "amar a Dios con todo tu corazón, con toda tu alma, con todo tu ser". Así lo da a entender el Apóstol cuando dice: "Sed esclavos unos de otros por amor. Porque toda la ley se encuentra en esta frase: «Amarás al prójimo como a ti mismo»".

Y si le preguntas a Jesús, ¿quién es ese prójimo al que has de amar?, él te dirá que lo es aquel a quien tú hayas amado, aquel con quien tú hayas practicado la misericordia, aquel a quien tu amor misericordioso te haya aproximado.

Entonces me sueño prójimo de hambrientos, de enfermos, de excluidos, de ilegales, de irregulares, de sin papeles, de náufragos, de hombres, mujeres y niños necesitados de misericordia.

Entonces, ante la necesidad de las víctimas, desaparecen todas mis razones para la ausencia, para el olvido, para dar un rodeo y pasar de largo.

Entonces me sueño Iglesia que no conoce fronteras, que no obedece a intereses económicos, que no se somete a ideologías políticas, Iglesia que sabe sólo de pobres, que sólo busca pobres, Iglesia siempre dispuesta a apartarse del camino para acercarse a los medio muertos y vendar heridas, Iglesia siempre dispuesta a perderse a sí misma por amor, Iglesia samaritana compasiva, como Jesús.

Entonces me sueño prójimo del Señor con quien comulgo, haciéndome presencia de Cristo Jesús entre los pobres, cuerpo de Cristo Jesús para los pobres, prójimo de los pobres como Jesús.

Feliz comunión con Cristo Jesús y con los pobres.

ÉRAMOS MUCHOS, ÉRAMOS UNO, ÉRAMOS ÉL

Nos dimos la mano, formamos el corro, éramos muchos, éramos uno.

Eran muchas las lenguas, muchos los colores, muchas las esperanzas, muchos los sueños; eran muchas las tristezas, muchas las alegrías, muchas las lágrimas, muchos los lamentos; éramos muchos; éramos uno.

Eran muchos los heridos, muchos los naufragados, muchos los supervivientes, muchos los agotados, muchos los desaparecidos, muchos los muertos; éramos muchos; éramos uno.

Éramos la humanidad pobre, la humanidad nueva, el cuerpo del Hijo, el cuerpo herido de Cristo Jesús; éramos muchos, éramos uno, éramos él.

En la confesión de amor, en la eucaristía, en la vida, aun siendo muchos, somos siempre uno, somos siempre él.

Y con él, con Cristo Jesús, aprendimos a decir "Padre": Dios Padre de heridos, Dios Padre de náufragos, de supervivientes, de agotados, de desparecidos, de muertos, Dios Padre de hijos amados y crucificados.

Con el más amado aprendimos a pedir: "Santificado sea tu nombre", "venga tu reino". Con aquel Hijo aprendimos a creer, a llevar en el corazón la pasión del Padre porque su reino se haga cercano a los pobres; con aquel Hijo aprendimos la certeza de que el Padre lo ha puesto en nuestras manos el milagro del reino que pedimos.

Somos muchos; somos uno; somos él, y con él nos han crucificado. Pero no pueden quitarnos la certeza de que somos también uno con el que vive, uno con el que todo lo ha perdido, todo lo ha pedido, y todo lo ha recibido del Padre que siempre escucha la oración de ese único Hijo.

Y es ese único –nosotros en él, él en nosotros-, el que, con más fuerza que Abrahán, también hoy regatea con Dios la suerte del mundo, la suerte de los verdugos, la suerte los que matan, la suerte de los que no saben lo que hacen. Con Cristo Jesús somos los compadecidos que llevan el corazón lleno de compasión.

Con Cristo Jesús somos los crucificados a quienes el amor empuja a reclamar del Padre el perdón para quien los crucifica.

El motivo de nuestro grito desde la cruz hasta Dios, no es la suerte de los pobres sino la de los ricos, no es la suerte de las víctimas sino la de los verdugos.

Los discípulos dijeron a Jesús: "Enséñanos a orar". Y de Jesús aprendieron quién era Dios para ellos, y lo llamaron Padre; y aprendieron al mismo tiempo quiénes eran ellos para Dios, y se reconocieron hijos, que han "recibido el Espíritu de hijos adoptivos, por medio del cual gritamos: Abba, Padre".

De Jesús, de su oración, de su vida entregada, aprendemos qué hemos de buscar, qué hemos de pedir, cómo hemos de vivir, cómo hemos de amar, de modo que, siendo muchos, seamos siempre uno, seamos siempre él.

¡Hasta que Dios lo sea todo en todos!

"SEÑOR, SÁLVAME",
"SEÑOR, SÁLVANOS",
"SEÑOR, SÁLVALOS"

"De madrugada", a la hora en que se anuncia la resurrección del Señor, la victoria de la vida sobre la muerte, Jesús *"se acerca a sus discípulos"*.

La barca, a la que han subido apremiados por el Señor, *"iba muy lejos de tierra, sacudida por las olas, porque el viento era contrario"*.

"De madrugada", cuando la presencia del Resucitado puede parecernos un fantasma que nos asusta más aun que el oleaje, y la angustia nos hace gritar, oímos que Jesús nos dice en seguida: *"¡Ánimo, yo soy, no tengáis miedo!"*

Si el que se acerca a nosotros es *"Yo soy"*, si el que se acerca es *"el Señor"*, habrá lugar para el asombro, pero no para el miedo, pues *"el Señor"* es el Dios en la brisa tenue, es el Dios que anuncia la paz a su pueblo, el que hace brotar de la tierra la fidelidad, el que hace mirar desde el cielo la justicia, es el Dios de la misericordia y la salvación.

En presencia del Señor, el hombre puede sentir el vértigo de la propia indignidad y decir desde lo más hondo de sí mismo: *"Apártate de mí, Señor, que soy un hombre pecador"*; como puede sentirse llamado a una cercanía entrañable con el misterio y atreverse a la locura: *"Señor, si eres tú, mándame ir a ti andando sobre el agua"*.

Sólo desde la fe se dice: *"apártate de mí"*; sólo desde la fe se dice: *"mándame ir a ti"*. Sólo lo podrá decir quien haya escuchado y creído aquel divino *"no temas"*, aquel humano y cercano *"no tengáis miedo"*. Y sólo desde la fe brotará el grito del que la tiene apocada y, por su poca fe, empieza a hundirse: *"Señor, sálvame"*.

Perdóname, Señor, por lo que voy a decir: muchas veces he gritado a ti desde mi poca fe, desde una fe indigna de ese nombre. Puede que no esté habituado a decir: *"Señor, sálvame"*; pero son de casa en mis labios aquellas otras palabras de Pedro: *"Señor, apártate de mí"*; y es tan de mis días y mis noches tu nombre, *"Jesús"*, que me parece gritarlo como si yo fuese Pedro hundiéndose sin fe en un mar amenazante, y agarrándome a ese nombre como a una tabla de salvación.

Hace tiempo que me importuna la idea de que no debo gritar así, que no debo gritar por mí, que no debo preocuparme por mí cuando hay miles y miles de seres humanos que mueren de hambre o mueren en busca de pan. Me parece una locura que busque consuelo para mí, que busque el gozo de tu compañía, que te busque, mientras mis hermanos intentan sólo vivir, y mueren de hambre y de sed en el intento.

Algo me dice que lo que tú quieres de mí es que me preocupe de ellos, que grite por ellos, que luche por ellos, que me pierda por ellos.

Algo me dice que si grito: *"Señor, sálvame"*, en ese pronombre personal de primera persona han de ir incluidos todos los hambrientos del mundo, todos los pobres, todos lo que tienen hambre y sed de justicia: *"Señor, sálvanos"*.

Y aún me va llagando por dentro la memoria de los verdugos, de los que pagan para que los pobres mueran, de los que levantan muros para que los pobres no accedan al pan, de los que ponen concertinas para que los pobres se desangren en ellas, de los que despojan a los pobres para hacerse con un dinero de iniquidad; aún me va llagando por dentro la memoria de los que te crucifican; y he de aprender, hasta hacerlo mío, tu grito en la cruz: *"Padre, perdónalos porque no saben lo que hacen"*; también ellos han de entrar en mi pobre pronombre personal: *"Señor, sálvalos"*.

Señor Jesús: enséñanos a creer, enséñanos a esperar, enséñanos a amar; enséñanos a ser como tú; enséñanos a hacerte presente en el mundo, enséñanos a ser tú: *"Señor, sálvanos"*.

AUNQUE DIGAS "DIOS", ENTIENDE "POBRES"

Me pregunto en qué se sustenta la confesión del salmista, cuando de su Dios, después de decir que "se eleva sobre todos los pueblos", y que "su gloria se eleva sobre los cielos", añade: "Él levanta del polvo al desvalido, alza de la basura al pobre". Y he de pensar que esa palabra se pronuncia desde la memoria de la Pascua, memoria de una liberación y una alianza, memoria de un Dios que ve la aflicción de su pueblo y baja a liberarlo.

La de hoy es palabra que, proclamada en la serenidad de nuestras asambleas litúrgicas, ha de ser escuchada como si resonara en espacios de opresión, en tierra de hambrunas, en desiertos donde agonizan y son abandonados innumerables clandestinos, en aguas de frontera donde se ahogan innumerables esperanzas.

"Él levanta del polvo al desvalido, alza de la basura al pobre": En nuestras asambleas la palabra suena normal. En los espacios sagrados de los pobres, esa misma palabra escandaliza, sacude, alarma, hiere.

El Dios del salmista se había manifestado como Dios de oprimidos, Dios de esclavos que él había liberado, Dios de exprimidos a los que él había llevado a una tierra de libertad. El salmista era testigo de ello, pues él, con todo el pueblo de Dios, gozaba de libertad y abundancia en la tierra que Dios les había dado.

Pero en esa misma tierra, entre los liberados por Dios, continuaba el escándalo de los que eran excluidos de abundancia y libertad. Así lo denuncia el profeta: "Compráis por dinero al pobre, al mísero por un par de sandalias".

En Cristo Jesús, Dios se hizo pobre para enriquecernos con su pobreza. En Cristo Jesús, Iglesia de pobres que han sido enaltecidos, comunidad de esclavos que han sido redimidos, tu Dios se te ha manifestado como Dios de pequeños, de últimos, Dios de crucificados, Dios de abandonados al borde de los caminos. Pero también en esta tierra a la que el amor de Dios nos ha llevado, también en ella persiste el escándalo de los que son condenados a muerte por nuestra codicia, por nuestro culto al dinero y nuestro menosprecio de Dios.

Jesús lo dijo así: "No podéis servir a Dios y al dinero". Pero nuestra religiosidad, por extraño que pueda parecer, nos ha permitido conjugar sin escándalo dinero y Dios, culto al dinero y culto a Dios. Hemos llegado incluso a ver en la riqueza una evidencia del favor divino.

Habrá que recordar que allí donde Jesús dijo: "no podéis servir a Dios y al dinero", los equívocos desaparecerán si entendemos que no se puede servir a los pobres y al dinero. Si amas el dinero, aborrecerás al pobre. Si sirves al dinero, no harás caso de los pobres. Si tu dios es el dinero, en su altar sacrificarás a los pobres.

Así que, cuando leas, aunque siempre digas: "Dios", entiende siempre: "pobres".

Y, si entre pobres y dinero, escoges servir a los pobres, descubrirás —en el día de la justicia se te manifestará- que en los pobres a quienes has amado, has estado sirviendo a tu Dios y Señor, a Cristo Jesús.

Feliz domingo.

SACRAMENTOS
DE LA COMPASIÓN DE DIOS

"¡Ay de aquellos que se sienten seguros en Sión!": ¡Ay de los que se fían de los bienes que creen poseer! ¡Ay de los que confían en lo que han acumulado! ¡Ay de los que a sí mismos se extravían imitando una dicha que jamás poseerán! Ese "¡ay!" es presagio de desdicha, anuncia días funestos, y resuena preñado de amarguras para quienes ignoran la soledad de los excluidos, para quienes cierran los ojos ante el sufrimiento de los pobres, no se afligen por la suerte de los que yacen enfermos y heridos a la puerta de sus casas, pasan de largo ante los abandonados medio muertos al borde del camino.

El profeta denunciaba así al que atrae sobre sí mismo la desdicha presagiada en aquel ¡ay!: "Os acostáis en lecho de marfil, tumbados sobre las camas, coméis los carneros del rebaño y las terneras del establo". Por su parte, el evangelio lo presenta como "un hombre rico, que vestía de púrpura y lino, y banqueteaba espléndidamente cada día".

En la intimidad del corazón, todos ellos han hecho suyo el pensamiento de aquel otro rico: "Tienes bienes acumulados para muchos años; descansa, come, bebe, banquetea"...

Para todos es la amonestación del Señor: Imaginabas haber atesorado para ti, y no sabes para quién será lo que considerabas tuyo: ¡sólo has sido un necio! Peor aún: con lo que habrías podido labrar tu dicha, has labrado tu desdicha, y has hecho de ti un "sediento sin remedio", un atormentado sin remedio, un necio sin remedio.

Pero tú, Iglesia cuerpo de Cristo que, despierta y sobrecogida, has escuchado la enseñanza y aceptado la amonestación profética, no olvides tampoco lo que eres, no olvidas el misterio de tu comunión con aquel hombre pobre llamado Lázaro, no olvidas tu comunión con emigrantes y refugiados, no olvidas tu comunión con Cristo cubierto de llagas y echado junto a tu portal, no olvidas que el Espíritu del Señor te ha transformado en Cristo Jesús, y, como Cristo Jesús, esperas y confías y te abandonas al amor del Padre.

La fe te ha permitido ver a tu Señor en los que tienen hambre, en los que tienen sed, en el emigrante, en el refugiado, en el que no tiene con qué cubrirse, en el enfermo, en el encarcelado; la fe te ha permitido reconocerlo, escucharlo, recibirlo, curarlo, sentarlo a tu mesa, amarlo. La fe ha hecho de ti un sacramento de la compasión de Dios con los que sufren.

Ahora escucha el mandato: "Practica la justicia, la religión, la fe, el amor, la paciencia, la delicadeza"… "Guarda el mandamiento sin mancha ni reproche hasta la venida de nuestro Señor Jesucristo".

Pero no te limites a escuchar: practica lo que has escuchado, y serás entre los pobres presencia real de tu Padre del cielo, pues en ti, como en Cristo Jesús, él estará haciendo justicia a los oprimidos, él con tus manos dará pan a los hambrientos, con tu corazón amará a los justos, en tu compasión guardará a los peregrinos. Tú serás la despensa de tu Dios para sustentar al huérfano y a la viuda.

Tú, como Jesús, serás pan de Dios para que los pobres vivan.

Feliz domingo.

APRENDER A DIOS

Afirmado o negado, todos tenemos un Dios, por no decir que cada uno tiene su Dios, cada uno lo representa a su manera, cada uno lo utiliza a su manera.

Se supone que cristiano es un hombre, una mujer, que han visto a Dios en Jesús de Nazaret, han creído en el Dios de Jesús de Nazaret, han reconocido en Jesús de Nazaret la verdad de Dios. Cristiano es un hombre, una mujer, que, por gracia, han reconocido en Jesús de Nazaret a la Palabra de Dios hecha carne, al Unigénito que el amor del Padre nos dio, y en Jesús de Nazaret, han acogido la plenitud de la revelación de Dios, pues como escribió San Juan de la Cruz, Dios, *"en darnos, como nos dio, a su Hijo —que es una Palabra suya, que no tiene otra-, todo nos lo habló junto y de una vez en esta sola Palabra, y no tiene más que hablar"*. Un cristiano, si quiere saber de Dios, ha de mirar a Jesús, ha de aprenderlo en Jesús.

El Dios de Jesús no es parcial contra el pobre como acostumbran a serlo los dioses que imperan en nuestro mundo, dioses que levantan vallas y ahondan fosos para que los hambrientos no accedan al pan, dioses que desnudan a los pobres para vejarlos y por el gusto de hacerlos sufrir, dioses que disparan sobre los pobres para disuadirlos de la esperanza, dioses que legalizan el crimen para mantenerse en sus pedestales, dioses amigos de ritualismos y legalidades, dioses poderosos, armados, crueles, dioses políticos, dioses económicos, dioses religiosos.

El Dios de Jesús es justo y hace justicia, es justo y justifica, es justo y se diría que tiene querencia por los pobres, como si ellos fuesen los más necesitados de justicia. El sabio lo dijo así: "El Señor escucha las súplicas del oprimido, no desoye los gritos del huérfano o de la viuda cuando repite su queja... los gritos del pobre no descansan hasta alcanzar a Dios"; y en tu oración, te unirás hoy al salmista para confesar con él: "El Señor está cerca de los atribulados, salva a los abatidos".

El Dios de Jesús es Dios de pobres, Dios de pecadores, Dios de ladrones y prostitutas, Dios de hombres y mujeres que no tienen otra salida más que Dios, Dios de hijos desharrapados que vuelven a casa porque tienen hambre, Dios de hombres y mujeres que se saben lejos de Dios, que añoran a Dios, que sólo pueden esperar a Dios de Dios... Dios de hambrientos de justicia, de hambrientos a quienes sólo Dios puede saciar, porque sólo Dios los puede justificar... Ésos son los misterios del reino que el Padre ha revelado a la gente sencilla:

Fuera del reino quedamos los satisfechos, los arrogantes, los inflados, los perfectos, los que a nosotros mismos nos vemos con derecho a presentarnos erguidos delante de Dios.

Fuera quedamos los justificados por nuestras obras, los que con ellas anulamos la cruz de Cristo, los que por ellas nos consideramos acreedores de Dios, hombres y mujeres de quienes Dios sólo sería deudor.

Y mientras un Papa pecador se desloma para llenar de hijos la casa del Padre, los fariseos exhibimos nuestras virtudes, nuestros méritos, nuestra ortodoxia, nuestra fidelidad a la ley, a la tradición, para mantener llena otra casa en la que, bajo pretexto de honrar a Dios, nos honramos a nosotros mismos.

Si buscas ser contado entre los sencillos que acogen los misterios del reino, mírate en Jesús, escucha su palabra, comulga con él, transfórmate en él; aprenderás humildad y pequeñez, aprenderás palabras que no descansan hasta alcanzar a Dios, aprenderás el camino que lleva al Padre, aprenderás a arrodillarte para servir a todos.

Mírate en Jesús y aprenderás a Dios.

Feliz domingo. Feliz comunión con Cristo Jesús.

PREGUNTAS INELUDIBLES

La noticia decía así: «*Decenas de personas que pretendían llegar a Canarias han desaparecido este miércoles después de que el cayuco en el que se transportaban naufragara cerca de la costa de Senegal... Según... testimonios, entre los desaparecidos se encuentran aproximadamente treinta chicas jóvenes...*».

La liturgia de la palabra de este Domingo se abre con una declaración solemne, inapelable: "*Así dice el Señor: «No oprimirás al forastero, porque forasteros fuisteis vosotros en Egipto»*". Y, en el evangelio, oirás, saliendo de los mismos labios, las palabras del mandamiento: "*Amarás al Señor tu Dios, con todo tu corazón, con toda tu alma, con todo tu ser... Amarás a tu prójimo como a ti mismo*".

La memoria me recuerda que son muchos los miles de hombres, mujeres y niños que se ven obligados a arriesgarse con la muerte si quieren tener una posibilidad de vida digna; y que son demasiados los miles de hombres, mujeres y niños que con la muerte se quedan sin que nosotros nos sintamos responsables, ni del camino al que se han echado, ni del abismo que los ha devorado.

Hay preguntas que no puedo eludir:

Me pregunto si los emigrantes pobres son mi prójimo.

Me pregunto si en los emigrantes pobres reconozco a Cristo Jesús o no pasan de ser una amenaza para mi seguridad, un inconveniente para mi tranquilidad, un incordio a la puerta de mi casa.

Me pregunto cuáles serían mis sentimientos, cuál mi reacción, cuáles mis exigencias si, en vez de treinta mujeres pobres ahogadas en la desembocadura del Senegal, la noticia fuese que en treinta iglesias de mi Galicia natal el Santísimo hubiese sido, no digo ya pisoteado, sino simplemente arrojado del sagrario al suelo.

Me pregunto si para mi fe representa más la veneración del Santísimo que la defensa de los pobres.

Me pregunto qué significa mi comunión con Cristo en la eucaristía si no comulgo con Cristo en los emigrantes pobres.

Me pregunto hasta dónde llega mi compromiso con Cristo y con los pobres.

Me pregunto si he escuchado el mandamiento del amor.

Me pregunto si he aprendido algo de Cristo Jesús.

Me pregunto si soy cristiano.

Me pregunto si tengo salvación.

APRENDER A SER HERMANOS

"Guarda mi alma en la paz, junto a ti, Señor": Decimos: *"guarda mi alma"*, y supongo que queremos decir algo así como *"guarda mi vida"*, o simplemente *"guárdame"* en la paz. Decimos: *"en la paz"*, y supongo que queremos decir lejos de la crueldad, lejos de la violencia, lejos de la opresión, lejos de la esclavitud, lejos del hambre... Pero mientras yo imagino una paz *"lejos de"* toda forma de mal, la oración me la muestra cumplida *"junto a ti, Señor"*, cerca de ti, a tu lado, contigo. Y el corazón intuye que la paz está siempre y sólo *"junto a ti, Señor"*.

"Guarda mi alma en la paz, junto a ti, Señor": Ahora no soy yo quien lo dice, ni es tampoco la comunidad eucarística a la que pertenezco; ahora lo grita quien padece el terror de la guerra en Ucrania y en Palestina, en Sudán y en el África subsahariana; ahora lo gritan quienes padecen el terror de una violencia sin rostro en el infierno del desierto, en pueblos de moradores sin alma, en cayucos y pateras; ahora lo gritan hombres, mujeres y niños a quienes la hipocresía llama *"rescatados"* cuando son interceptados, apresados y devueltos al infierno del que intentaban salir.

"Guarda mi alma en la paz, junto a ti, Señor": Tal vez la respuesta del Señor nuestro Dios al grito de los pobres ya sólo se pueda dar desde el corazón de los fieles, desde la vida de los creyentes, desde la obediencia de los hijos a la palabra del Padre.

El grito de los pobres se vuelve pregunta que Dios me hace a mí: *"¿Por qué el hombre despoja a su prójimo, profanando la alianza de nuestros padres?"* ¿Por qué los pobres son sacrificados a la crueldad del poder, a los intereses del dinero, al mito del bienestar, a la seducción de la seguridad?

Entonces la palabra de Jesús en el evangelio me devuelve a lo esencial de la fe: *"Uno solo es vuestro Padre, el del cielo, y uno solo es vuestro Consejero, Cristo. El primero entre vosotros será vuestro servidor".*

Ése es el mundo de Jesús, ése es el mundo que Dios ha puesto en nuestras manos: la familia de Dios, un mundo de hermanos... una responsabilidad nuestra.

Matar es siempre un fratricidio El fratricida no es Dios sino Caín. El fratricida soy yo.

En Ucrania y en Palestina, en Sudán y en el África subsahariana, en el infierno del desierto, en cayucos y pateras, fratricida es *"el corazón ambicioso"*, fratricida es *"la pretensión de grandezas que superan nuestra capacidad"*, fratricida es *"el deseo inmoderado"*, al fratricidio te llevan *"los ojos altaneros"*...

Enséñame, Padre, a acallar mis deseos, *"como un niño en brazos de su madre"*, como un hijo en tus brazos. Enséñame a vivir en comunión con Cristo Jesús, a sentir con Cristo Jesús, a ser el servidor de todos al modo de Cristo Jesús.

Guárdame en la paz, guárdame junto a ti, guárdame en Cristo Jesús.

Guárdame y, en Cristo, aprenderé a ser hermano de todos.

LA ESPERANZA NOS GUARDA EN SU REGAZO

Es una evidencia: nuestra legalidad mata. En ese sistema legal de poder, la mentira es recurso necesario para que el mal asuma la forma de bien, la opresión se disfrace de servicio al bien común, de modo que los pobres sean entregados a la muerte sin que la conciencia tenga nada que reprochar.

En ese espacio reseco de humanidad, las evidencias del horror no sirven para que se haga justicia a las víctimas sino para hacer rentables políticamente las tragedias.

Puede que en ese mundo nada signifiquen las palabras de un profeta, pero aun así, las hemos de recordar: "Escuchadme, jefes de Jacob, príncipes de Israel: ¿No os toca a vosotros ocuparos del derecho, vosotros que odiáis el bien y amáis el mal? Arrancáis la piel del cuerpo, la carne de los huesos; os coméis la carne de mi pueblo, lo despelléjais, le rompéis los huesos, lo cortáis como carne para la olla o el puchero." –Miq 3, 1-3-.

Un día, lo sepan o no, también gritarán los devoradores de pobres: gritarán pidiendo auxilio, y el Señor "no les responderá, les ocultará el rostro por sus malas acciones" –Miq 3, 4-. En aquel día, nadie podrá ayudarles, pues ellos mismos han abierto un abismo entre su desdicha y el consuelo de Dios.

Ahora, Iglesia de Cristo, escucha la promesa del Señor: "Pero a los que honran mi nombre los iluminará un sol de justicia que lleva la salud en las alas".

Ya puedes intuir quiénes son los que honran el nombre del Señor. Si lo deshonra el que devora la carne de su pueblo, lo honran los que a ese pueblo lo rodean de justicia y rectitud; si lo deshonran los que esclavizan a los hijos de Dios, lo honran quienes son para ellos causa de liberación.

En mi vida, honra o deshonra del nombre de Dios son realidades inseparables del trato digno o indigno que de mí reciban los hijos de Dios.

Y puede que con asombro, empieces a sospechar que el otro, los otros, los hijos de Dios, son el nombre de Dios para ti: Dios se llama huérfano, viuda, extranjero; Dios se llama hambriento, sediento, desnudo, encarcelado, enfermo; Dios se llama emigrante, refugiado, perseguido, humillado, calumniado, sin papeles, sin derechos. Dios se llama hombre crucificado. ¡Dios se llama Jesús!

Por otra parte, para ti que lo honras y lo amas, Jesús es el "sol de justicia que lleva la salud en sus alas": tu paz se llama Jesús; la justicia que te viene de Dios se llama Jesús; tu libertad se llama Jesús; la gracia de Dios para ti se llama Jesús; tu salvación se llama Jesús.

Que nadie os engañe, porque muchos vendrán usurpando el nombre de Jesús: vendrá el progreso, la tecnología, el bienestar, la política, la ideología, la religión, y todos os dirán, "yo soy tu paz", "yo soy tu justicia", "yo soy"; todos pretenderán hacerte creer que "el momento está cerca", que su tiempo ha llegado. No vayáis tras ellos. Son sólo apariencia. De todo eso, no quedará piedra sobre piedra: "Todo será destruido".

El nuestro es tiempo para la confianza y el testimonio, tiempo para la esperanza y el martirio, tiempo para la sabiduría y la caridad.

Cuanto más oscura sea la noche, más intensa se nos hace la memoria de la luz, y más se vuelven nuestros ojos al oriente, de donde esperamos que amanezca para los oprimidos el sol de la justicia.

La noche duele, en la noche morimos, pero la esperanza nos guarda en su regazo: *"Con vuestra perseverancia salvaréis vuestras almas"*.

Ven, Señor Jesús.

ABRIR CAMINOS A LOS POBRES

El profeta habla a una comunidad de últimos, a hombres y mujeres que parecen haber nacido para ser nadie, para no ser, hombres y mujeres a los que hemos vestido de luto y aflicción: Nos pidieron pan y les dimos piedras; nos pidieron justicia y los arrojamos a la intemperie; nos pidieron una oportunidad y sólo les ofrecimos la posibilidad de que hombres, mujeres y niños se enfrentasen a la muerte –sin caer en la cuenta de que, si ellos se nos mueren, se nos muere la navidad: se nos muere el Niño-.

En este tiempo que se nos ha dado para que preparemos el nacimiento de un Dios pobre, las ciudades se iluminan en honor al dios dinero, al dios progreso, al dios consumo. Las ciudades se iluminan cada vez más, pero continuaremos sin ver a ese Dios vulnerable que llama a las puertas de nuestra vida pidiendo ayuda. Las ciudades se iluminarán como si ellas fuesen la luz, como si de ninguna otra luz tuviésemos necesidad. Las ciudades se iluminarán, y nos distraerán para que olvidemos el luto y la aflicción de los pobres.

Pero es a ellos, precisamente a ellos, a los hambrientos, a los sin techo, a los sin futuro, es a ellos a quienes se dirige la palabra del Señor; a ellos se les dará un nombre para siempre: "Paz en la justicia" y "Gloria en la piedad".

Sólo ellos podrán decir con verdad las palabras del salmo: "El Señor ha estado grande con nosotros y estamos alegres".

Esas palabras resuenan bajo las arenas del desierto, también bajo las aguas del mar. Es una voz poderosa como un trueno, una sola voz, la voz de los crucificados y el Crucificado, de los muertos y el Resucitado.

El Señor su Dios, en Cristo Jesús, ha cambiado su suerte, los ha despojado del vestido de luto y aflicción, los ha envuelto en un manto de justicia: en Cristo, todos fueron llorando, llevando la semilla; en Cristo, todos vuelven cantando, trayendo sus gavillas.

He dicho: "en Cristo"; y es como si dijese: "en su cuerpo que es la Iglesia"; también en mí, que soy parte de ese cuerpo.

Si somos de Cristo, si somos cristianos, estamos llamados a ser "cambia suerte" de los pobres, somos las manos de Dios para quitar vestidos de luto y aflicción, para tejer mantos de justicia, para allanar caminos, abrir fronteras, de modo que los pobres se muevan con seguridad. Si somos de Cristo, estamos llamados a ser evangelio para los pobres.

Ésta es la verdadera evangelización: que los pobres se encuentren con Cristo encontrándose con su cuerpo, con su Iglesia, con cada uno de nosotros.

Éste es el verdadero adviento: el que nos dispone a recibir amorosamente a Cristo y a los pobres.

Y ésta es hoy nuestra eucaristía: es memoria agradecida de Cristo Jesús, en quien el Padre nos ha dado para siempre el nombre de "Paz en la justicia" y "Gloria en la piedad"; y es comunión –siendo muchos, nos hacemos uno– con Cristo y con los pobres.

Desde esa comunión, también nosotros podremos decir con verdad: "El Señor ha estado grande con nosotros y estamos alegres"; desde esa comunión, también nosotros veremos la salvación de Dios; desde esa comunión llegaremos al día de Cristo limpios e irreprochables.

En Cristo, los pobres entran hoy en nuestra comunidad, en nuestra compasión, en nuestras vidas.

UN ADVIENTO DE VERDAD PARA UNA NAVIDAD DE VERDAD

Se nos ha hecho apremiante la recuperación de la verdad: la verdad de nuestro Adviento, la verdad de nuestra Navidad, la verdad de nuestra fe, la verdad de nuestra vida. Se nos ha hecho apremiante que a todo devolvamos el sabor de la autenticidad.

Para allanar el camino por el que volver a lo verdadero, a lo que no engaña, se nos ha hecho necesario y apremiante escuchar al Precursor de la Verdad, ir a Juan, y preguntarle, como hacía la gente de la que habla el evangelio: "Entonces, ¿qué hacemos?"; como si fuésemos aquellos publicanos: "Maestro, ¿qué hacemos nosotros?"; lo mismo que aquellos militares: ¿qué hacemos nosotros?"

Ir, escuchar, y no dar por simple o por sabida o por desechable la palabra del profeta.

Si escucho y creo, la palabra me indica el camino que lleva al encuentro de la Verdad. Ese camino son los otros: los pobres.

A mí, que voy preguntando por mi vida, la palabra del profeta me señala la necesidad en que se encuentra mi hermano, el derecho que asiste a mi hermano, la vida de mi hermano.

Aquella gente, aquellos publicanos, aquellos soldados de entonces, en su Adviento, en su deseo de prepararse para recibir al Mesías del Señor, y nosotros en este tiempo de preparación para la Navidad, todos somos invitados a fijarnos en el otro, en el pobre, en el que no tiene una túnica con que vestirse, en el que no tiene comida con que alimentarse, en el que no tiene lo que necesita para vivir con dignidad.

Y si me pregunto por qué han de ser los otros el camino por el que Cristo Jesús venga a mi encuentro, el camino por el que yo vaya al encuentro de Cristo Jesús, algo dentro de mí, a voces, sugiere que él se despojó de su rango para que yo tuviese un vestido de gracia y santidad, él bajó del cielo para ser el pan de mi peregrinación en el mundo, él tomó la condición de esclavo para liberarme de mis esclavitudes.

No habrá Navidad para mí, no entrará en mi vida Cristo Jesús, si en ella no entra el otro, los otros, los pobres.

Aquel a quien esperamos, viene para ser evangelio de los pobres: evangelio para ti, Iglesia en Adviento, comunidad creyente, comunidad de pobres evangelizados.

Tu corazón desborda de gozo porque presientes la cercanía del que es tu evangelio: "El Señor está cerca".

Grita de júbilo, alégrate y goza de todo corazón: "¡Qué grande es en medio de ti el Santo de Israel!".

Preparemos una Navidad que sea evangelio para los pobres: para los excluidos del trabajo, para los condenados a la precariedad, para los que valen menos que una juerga o treinta monedas.

Preparemos una Navidad de verdad, una Navidad-esperanza, para los obligados a emigrar, para los abandonados en los caminos, para los innumerables vejados en nombre de los supuestos derechos de unos pocos.

Preparemos una Navidad de verdad haciendo que nazca un mundo de hermanos.

Feliz domingo. Feliz Adviento. Feliz preparación para una Navidad de verdad.

NOS HA NACIDO EL SEÑOR

"Nos ha nacido el Señor; y es su nombre: Admirable, Dios, Príncipe de la paz, Padre perpetuo".

Es una extraña Navidad. Hubo un tiempo en que el mar arrojaba a la playa montañas de algas. Luego aprendió a arrojar montañas de plásticos. Ahora lleva un tiempo devolviendo cadáveres de emigrantes pobres.

La de 2021 ha sido una Navidad con un belén de cadáveres en las playas.

Éste ha sido un año más con multitud de cadáveres en los caminos de los emigrantes pobres.

De ahí que las palabras de mi confesión de fe amenacen con caerse vacías sobre un belén de esperanzas rotas.

Dime, Madre, dónde guardarás la sangre de tu niño, la sangre con que escribimos el nombre de Jesús, si no es en un abrazo, en una caricia, que le ayude a cicatrizar el miedo antes que las heridas del cuerpo.

Dime dónde esconderás tus lágrimas si no es en un pañuelo de esperanzas ciertas, que se agarran con fuerza a tus entrañas.

Tú sabes de abrazos y de esperanza.

A nosotros, Madre, no nos han dejado nada que abrazar, nada que esperar…

La playa nos devuelve cadáveres si es que los devuelve. Y la fe repite palabras que, dejadas a la intemperie, parecen haber perdido su definición: "Admirable, Dios, Príncipe de la paz, Padre perpetuo".

Dime, Madre, cómo se mantiene la fe cuando el belén se nos ha mudado en calvario, cuando una horrenda marea nos devuelve hijos muertos, cuando la noche sólo trae amargura, soledad, oscuridad.

Dime cómo se cree.

Y tú me invitaste a hacer contigo la confesión de fe.

Mira mi belén –dijiste-: verás a un niño, pero tu fe confiesa que ves al "Admirable"; lo verás envuelto en pañales, pero tu fe confiesa que ves a Dios; lo verás recostado en un pesebre, mientras tu fe confiesa que ve al Príncipe de la paz; lo verás mendigo de calor y de ternura, mientras tu fe confiesa que ve al Padre perpetuo.

Después mira mi calvario: verás a mi hijo muerto en su playa, en su abismo, en su noche, en su infierno, mientras la fe confiesa que está viendo a su Señor, a aquel cuyo nombre es: "Admirable, Dios, Príncipe de la paz, Padre perpetuo".

Ahora, Iglesia cuerpo de Cristo, mira esa playa de hijos varados en la arena, tu belén y tu calvario, y tus ojos verán que, también sobre tus muertos, brilla la gloria que iluminó el cuerpo martirizado de Cristo Jesús.

Y con ellos, sobre todo con ellos, con tus hijos ausentes, con tus hijos muertos, canta de nuevo tu confesión de fe, pues sólo con ellos, con los últimos entre los últimos, las palabras recobran entera su definición: "Nos ha nacido el Señor; y es su nombre: Admirable, Dios, Príncipe de la paz, Padre perpetuo".

Es verdad: "Nos ha nacido el Señor". Feliz Navidad.

UNA TIERRA PARA LOS POBRES

Vivimos momentos de gran conmoción[20]. Otra guerra ha traído a nuestras casas imágenes de destrucción, se adivina la muerte entre las ruinas de ciudades golpeadas como objetivos militares, y nos asombramos de que la voluntad de un solo hombre pueda en un momento arrojar fuera de la normalidad a millones de personas.

Que nadie me pida distinguir entre buenos y malos: no sabría. Sólo sé que en esa locura hay víctimas y agresores, que unos sufren y otros hacen sufrir, que unos son los asesinados y otros los que asesinan.

Ante la crisis humanitaria que esa guerra trae consigo, Europa abre las fronteras; y, en una semana, por esas fronteras, pasa un millón de personas que huyen de la muerte.

Todos hemos visto que Europa abrió sus fronteras; pero que nadie me pida discernir si se trata de una Europa que se despierta solidaria con los necesitados, o es la Europa aburrida y dormida, cuando no interesada, que tiene la costumbre de ser.

Y en la misma semana, en los mismos días, llega el tornasol que evidencia lo que yo no sabía discernir: la frontera de Melilla deja a la vista de todos las vergüenzas de la Europa de siempre.

Puede que nos obstinemos en ignorarlo, pero en Melilla llegan a nuestras fronteras los que nosotros echamos de sus casas; en Melilla rechazamos sin piedad a hermanos nuestros que huyen de otras guerras, de otros horrores, de otros sin vivir. Y, haciendo el uso siempre criminal de la mentira, en Melilla, a las víctimas, a nuestras víctimas, las pintamos de peligrosos, de violentos, extremadamente

---

[20] Año 2022... Ucrania, masacre de Melilla...

violentos, buscando justificar de esa manera la violencia criminal que nosotros ejercemos contra ellos. He aprendido a no esperar nada de ese poder con que el tentador seduce al hombre. Nada. En la naturaleza de ese poder está oprimir, mentir y matar.

No ha de ser así entre los hijos de Dios, no ha de ser así entre los discípulos de Jesús, no ha de ser así entre los que han entrado con Cristo en la vida de Dios, no ha de ser así para quienes han conocido el amor que es Dios, no ha de ser así para ti, Iglesia cuerpo de Cristo. Tu vocación es servir. Tu ser es amar. Tu misión es la de ser evangelio para las víctimas de todas las violencias.

Y éste es hoy tu camino con Cristo hacia la Pascua: camino con Cristo en los que sufren, con tu Señor en los excluidos, con tu Dios en los calumniados, en los hambrientos, en los desdichados, en los últimos.

Para ellos has de multiplicar tu pan y tu compasión.

A ese templo de Dios que son los pobres has de llevar la cestilla de tus primicias. En ese templo harán tus hijos su confesión de fe: El Señor *"nos dio esta tierra, una tierra que mana leche y miel. Por eso ahora traigo aquí las primicias de los frutos del suelo, que tú, Señor, me has dado"*.

Entramos en esta cuaresma soñando una humanidad nueva, fraterna, humilde, de hombres y mujeres parecidos a Cristo Jesús; soñamos la llegada del reino de Dios, el advenimiento de una tierra para los pobres... soñamos y pedimos... soñamos y construimos... soñamos y trabajamos... y presentamos al Señor nuestra tu cestilla, llena de gratitud para él, llena de pan para los pobres.

Feliz camino con Cristo hasta la vida.

LA MONTAÑA DE LA LUZ

(Este comentario que lleva por título: «La montaña de la luz», lo escribí hace 12 años. Entonces tenía delante de mis ojos la noche de los emigrantes del África subsahariana. La prepotencia de Europa sumergía en la noche a miles de jóvenes subsaharianos. Entonces, para aquellos jóvenes y para mi Iglesia, la palabra "noche" significaba intemperie, frío, hambre, violación, mutilación, muerte. Y el peligro para todos era que perdiésemos la esperanza. De ahí la invitación a subir con Cristo a la montaña de la luz. Esa invitación es oportuno renovarla hoy, pues, desde entonces, a aquellos necesitados de luz se han sumado otros nuevos en innumerables lugares del mundo)

Si un día has de subir, como Abrahán, a la montaña *"donde el Señor provee"*, si has de ofrecer sobre el altar de la fe lo que más quieres, si has de peregrinar sobre la tierra sin alcanzar la meta del camino, si has de conocer el terror intenso y oscuro de la muerte, habrás de guardar siempre como un tesoro en el corazón la memoria de las promesas que el Señor te hace, pues éstas han de ser luz para el camino cuando llegue tu noche.

Cuántas veces el israelita creyente habrá llevado desde el corazón a los labios la oración del salmista: *"El Señor es mi luz y mi salvación"*. Las palabras de la oración recuerdan la alianza de Dios con su fiel Abrahán, la luz que iluminaba las casas de Israel en Egipto, la luz que acompañaba la peregrinación de Israel en el desierto, la luz inaccesible en la que habita el Señor.

Hoy, domingo de la transfiguración del Señor, la Iglesia sube con Jesús de Nazaret a la montaña de la luz.

Nos disponemos a subir con Cristo a la montaña *"donde el Señor provee"*, la montaña de la obediencia filial, altura hermosa donde el amor consuma la reconciliación del hombre con Dios y se hace evangelio la paz.

Nos disponemos a subir con Jesús a la montaña de su muerte, a cargar con nuestra cruz de cada día, a seguirle por el camino en el que él nos precede con la suya.

Nos disponemos a subir con Jesús a la montaña de la luz, para guardar en el corazón la memoria de una revelación que es una promesa inaudita, revelación hecha para iluminar la noche de Jesús y nuestra noche: *"Éste es mi Hijo, el escogido; escuchadle"*.

Considera el misterio que celebras, Iglesia cuerpo de Cristo: hoy comulgas con tu Señor, te haces una con él por la fe y el amor. Sabes que estás llamada a subir con él hasta la cruz; sabes que te ilumina la misma luz misteriosa que en la montaña alta cambió el aspecto del rostro de Jesús e hizo brillar de blancos sus vestidos; sabes que ofrecida hoy con él en el mismo altar, mientras aprendes como él a obedecer, eres amada en el más amado, eres ya iluminada por la luz que ilumina a tu Señor, y un día gozarás resucitada de la luz que hoy ves resplandecer en su cuerpo transfigurado.

Guarda memoria de esa luz: la necesitas para que ilumine tu noche, para que ilumine la noche de tus hijos, para mantener viva su esperanza, para que puedas vendar heridas sin que mueras de dolor.

Llévanos contigo, Jesús, a la montaña de la luz.

Que brille sobre la humanidad entera la luz de tu Pascua.

Llévanos contigo.

APRENDICES DE JESÚS

El nuestro es un mundo al borde del abismo. El destino de la humanidad está en manos del primer iluminado que decida pulsar un botón. Otro, otros, y no es Dios, se han hecho con el poder sobre nuestras vidas.

Y hoy, en ese mundo, nosotros, discípulos de Cristo Jesús, nos reunimos en torno a nuestro Maestro y Señor, escuchamos su palabra, anunciamos su muerte, proclamamos su resurrección y esperamos su venida.

Es verdad que peregrinamos entre los condenados a no ser, y que el nuestro es un mundo de esclavos, más incluso de cuanto lo haya sido el de los israelitas en Egipto. Pero hoy, con más fuerza también que en aquel tiempo, resuena en nuestra comunidad de fe la palabra de la revelación: "«*Yo-soy*» *me envía a vosotros*". Resuena con más fuerza, porque ya no es Moisés quien la hace sino Jesús de Nazaret.

«*Yo-soy*», el Dios que ha visto tu aflicción, "*me envía a vosotros*". Has entendido bien: en Cristo Jesús, Dios se compromete contigo; en Cristo Jesús, tu Dios se enfrentará por ti a tus opresores; el enviado de Dios, Cristo Jesús, es para ti una promesa de libertad.

Pero ninguna promesa se cumplirá sin ti.

He dicho "sin ti". Tendría que decir: "sin tu fe"; nada se hará realidad "sin que te conviertas al Señor tu Dios".

Jesús lo dijo así: "Si no os convertís, todos pereceréis de la misma manera".

Se me pide que reoriente la vida desde la fe en el Dios de Jesús. Has leído bien: "desde la fe en el Dios de Jesús".

Los altares de la humanidad están poblados de dioses que justifican y bendicen a quien aprieta el botón de matar. Sus nombres son siempre seductores: poder, arrogancia, dinero, democracia, legalidad, bienestar, justicia, religión.

En esos altares puedes decir: "creo", al mismo tiempo que matas; puedes sumergirte en un bautismo purificador y hacer sobre tu cuerpo la señal de la cruz, al mismo tiempo que arrancas la vida a miles de inocentes; puedes, sin pestañear, unir mafioso y cristiano; puedes, sin escrúpulo, casar opresor y bienhechor.

No, no basta con creer y convertirse. Es necesario discernir en quién creemos, con quién vamos, a quién nos convertimos.

Y sólo encontraremos libertad y vida se creemos en el Dios de Jesús de Nazaret, si caminamos con el Dios de Jesús de Nazaret, si nos convertimos al Dios de Jesús de Nazaret: Dios pobre, Dios último, Dios siervo de todos, Dios crucificado, Dios resurrección y vida.

Severa, dura, puede que sorprendente, pero necesaria en todo tiempo para los discípulos de Jesús, es la amonestación del Apóstol: "Estas cosas sucedieron en figura para nosotros, para que no codiciemos el mal como lo hicieron aquéllos... Por lo tanto, el que se cree seguro, ¡cuidado!, no caiga".

A nosotros se nos pide "que tengamos los sentimientos de Cristo Jesús", que aprendamos a Cristo Jesús, que comulguemos con Cristo Jesús, que seamos en el mundo una presencia viva de Cristo Jesús. En el día de la verdad, no nos bastará la ortodoxia, se nos preguntará por el amor: "No codiciemos el mal... el que se cree seguro, ¡cuidado!, no caiga". Aquel día, el Rey no preguntará por genuflexiones ni por reverencias ni por ritos ni por devociones: nos preguntará qué hicimos con "nuestro hermano"; nos preguntará por los pobres, los emigrantes, los refugiados, los hambrientos.

Aquel día, el Rey nos preguntará qué hemos hecho con él.

Feliz encuentro con Cristo en la eucaristía y en los hermanos.

"SERÁS LA ALEGRÍA DE TU DIOS"

"Tierra abandonada", "Tierra devastada": nombres que los labios tristes de un pueblo exiliado daban a la que un día había sido para él la "Tierra prometida", la tierra que el Señor le había dado para que en ella sus hijos viviesen en paz y libertad.

El afán de poseer, la idolatría del dinero, la arrogancia del poder, transformaron en "Tierra abandonada" el paraíso, en "Tierra devastada", predio de jabalíes, la tierra que manaba leche y miel, en ruinas la ciudad amurallada.

"Tierra abandonada", "Tierra devastada": se dice "tierra" para decir la "humanidad que la habita", la humanidad que en esa tierra alaba al Señor, la humanidad que en esa tierra sufre, la humanidad que en esa tierra muere.

"Tierra abandonada", "Tierra devastada": nombres que parecen apropiados para nuestras comunidades eclesiales, para nuestras comunidades religiosas, para los sin techo, para los sin pan, para los excluidos de la mesa del bienestar; nombres para clandestinos, para ilegales, para explotados y abandonados.

"Tierra abandonada", "Tierra devastada": tal vez sean nombres que hoy, con toda verdad, se dicen también de ese abismo, de ese mar, al que continúa bajando una humanidad rica de sueños y hambrienta de futuro.

Ahora escucho y guardo en el corazón lo que el Profeta dice a ese pueblo de labios tristes, a esa humanidad crucificada: *"Ya no te llamarán «Abandonada», ni a tu tierra, «Devastada»; a ti te llamarán: «Mi favorita», y tu tierra tendrá marido".*

Escucha y adora, pequeña comunidad, esposa amada, resplandeciente e inmaculada, porque el Señor te ha revestido de justicia y santidad. Escucha y adora, pequeña comunidad, porque el Señor se complace en ti, y tú eres en Cristo Jesús la alegría de tu Dios. Escucha y adora tú también, la última entre todas, la olvidada de todos, la sepultada en el mar, pues no te ha recibido Abrahán en su seno sino Cristo Jesús en su cuerpo resucitado. Que escuchen y adoren todos los necesitados de evangelio, pues han llegado las bodas de Dios con la humanidad, hay vino nuevo y bueno en las tinajas de nuestra indigencia, la profecía se ha hecho realidad. No dejes de proclamarla, mensajero de buenas noticias, pues sus palabras son de luz en la noche de los pobres.

La Eucaristía tiene hoy aire de banquete de bodas, y en ella se sirve en abundancia el vino de una alianza nueva y eterna entre Dios y nosotros. En verdad, *ya no te llamarán:* *«Abandonada». Tu nombre, Iglesia cuerpo de Cristo, pequeña grey, comunidad última, ya es para siempre: «Mi predilecta».*

Feliz abrazo entre el esposo y la esposa.

Feliz domingo.

PARA JESÚS Y PARA LOS POBRES, "HOY SE CUMPLE"

Hace mucho tiempo que, para escuchar la palabra del Señor, necesito hacerlo mirando a Cristo Jesús crucificado y resucitado. Ese camino hacia el misterio –esa luz desde la cruz-, lo enseña el evangelio antes de que sintamos necesidad de buscarlo para iluminar las oscuridades de nuestra vida. Antes de que llegase la hora de Jesús, para presentarse delante del Señor, la fe recordaba la historia de Dios con su pueblo, las maravillas que el Señor había realizado para liberarlo, para hacerlo un pueblo santo en una tierra de libertad.

Hoy, en nuestra Eucaristía, escuchamos palabras de elección: *"Antes de formarte en el vientre, te escogí, antes de que salieras del seno materno, te consagré"*. Esas palabras se proclaman dichas al profeta a quien fueron dirigidas. Pero en nuestra celebración dominical, ya no es aquel profeta quien las escucha sino la comunidad eclesial, y en la comunidad, cada uno de nosotros. Y, si somos nosotros quienes hoy escuchamos, esas palabras son dichas hoy para nosotros.

Y es así. Pero, al escucharlas, antes de pensar en ti mismo como destinatario de esa revelación, la fe te hizo pensar en Jesús de Nazaret y las entendió como si hubieran sido dichas sobre todo para él: *"Antes de formarte en el vientre, te escogí, antes de que salieras del seno materno, te consagré"*.

La fe no tiene dificultad para entender esas palabras como dirigidas al profeta, al salmista, a Cristo Jesús, al cuerpo de Cristo que es la Iglesia, a cada uno de los hijos de esa Iglesia, a cada uno de los miembros de ese cuerpo. Y con todos ellos vamos repitiendo la oración: *"A ti, Señor, me acojo: no quede yo derrotado para siempre; tú que eres justo, líbrame y ponme a salvo, inclina a mí tu oído, y sálvame"*.

Pero en medio de nuestro coro de profetas escogidos, de salmistas consagrados, de creyentes hambrientos de salvación, irrumpe el grito de hombres, mujeres y niños que, en esta semana que ahora termina, han perecido en medio de sufrimientos atroces, en caminos de emigración desesperada.

Entonces las palabras de la oración, que dichas del profeta, del salmista, de Jesús o de nosotros, nacían cargadas de sentido, se niegan a tener significado si las hace suyas los que mueren buscando salvación: *"Sé tú mi roca de refugio, el alcázar donde me salve, porque mi peña y mi alcázar eres tú, Dios mío, líbrame de la mano perversa."*

Escucho esa oración envuelta en llamas en una tienda de plástico, la escucho agarrada a los restos de una barca que se ha hundido, la escucho apagada en agonías atroces por hipotermia, la escucho… y agonizan las palabras, se hunde el sentido, se carboniza la esperanza. Y se vuelve imprescindible la memoria de Jesús, crucificado y resucitado: memoria imprescindible para la fe, para la oración, para la esperanza; memoria imprescindible para que, en esos hombres, mujeres y niños que la muerte parece haber violado para siempre, la fe continúe viendo la fuerza de Dios, la gracia de Dios, la vida de Dios, la gloria de Dios.

"Sin que hablen… sin que se escuche su voz", esos hombres, mujeres y niños van diciendo con el profeta, con el salmista, con Jesús de Nazaret, contigo, Iglesia cuerpo de Cristo: *"Tú, Dios mío, fuiste mi esperanza, y mi confianza, Señor, desde mi juventud. En el vientre materno ya me apoyaba en ti, en el seno, tú me sostenías."*

Y la fe intuye que también esos hombres, mujeres y niños van diciendo con verdad lo que con verdad, en Nazaret, Jesús dijo de sí mismo y de ti, Iglesia cuerpo de Cristo: *"Hoy se cumple esta Escritura que acabáis de oír"*… *"Tú, Dios mío, fuiste mi esperanza, y mi confianza desde mi juventud"*.

Para Jesús, para la Iglesia, para los pobres, "hoy se cumple la Escritura que acabáis de oír".

NO ESTÁBAMOS ALLÍ

Sucedió en nuestra ausencia:

Del 2 de febrero de 2022: «Un muerto y un evacuado al hundirse patera con 50 personas en Fuerteventura».

Del 2 de febrero de 2022: «Turquía denuncia la muerte de 12 emigrantes expulsados por Grecia».

Del 1 de febrero de 2022: «Mueren quemados en Marruecos una emigrante nigeriana y sus tres hijos».

Ésas que acabas de leer, ¡ni siquiera son noticias! Son fríos comunicados de Agencia, entiéndase de entidad-máquina, de entidad-robot, de entidad sin sangre, sin cuerpo, sin alma.

En esa máquina de expedir comunicados, todo queda reducido a número, a cantidad, a referencia sin sangre, sin cuerpo, sin alma.

La máquina ignora a las personas, sus nombres, sus heridas, sus miedos, sus esperanzan, sus historias, y todo lo sepulta bajo artículos indeterminados y cifras de computadora: un muerto, un evacuado, una emigrante, doce emigrantes, tres hijos de una emigrante...

La máquina no dice: "Aquí estoy", ni siquiera se atreve a sugerir un: "Ahí están". La máquina sólo comunica lo que hubo, lo que hay: cadáveres que contar, cifras que dar, formularios que rellenar.

Pero aquella madre que sobrevivió una semana a sus tres hijos carbonizados, aquel joven al que recogieron muerto, puede que de hambre y sed, puede que de frío, puede que ahogado –la máquina no lo dice-, aquellas doce personas que fueron despojadas de sus ropas de abrigo y abandonadas al invierno para que el invierno las matase, todos ellos gritaron en nuestra puerta un angustiado *"aquí estoy"*: todos gritaron delante de nosotros su necesidad, su indigencia, su nombre, su condición de hermanos...

Y quienes teníamos que responder con nuestro "**aquí estoy**", callamos, fingimos no haber escuchado, o nos dijimos unos a otros que aquélla no era hora de llamar, que aquel no era lugar para llamar, que no era el modo de llamar a nuestra puerta. ¡Y era el Señor quien llamaba! ¡Y fue al Señor a quien quemamos vivo! ¡Y fue al Señor a quien ahogamos en el mar! ¡Y fue al Señor a quien robamos el abrigo y abandonamos para que el invierno lo matase de frío!

"Aquí estoy"

La fe en el Dios de Abrahán, de Isaac y de Jacob, la fe en el Dios de Jesús de Nazaret, supone siempre una relación personal entre Dios y el creyente: una presencia de Dios al hombre, una presencia del hombre a Dios.

La fe supone siempre un: "**aquí estoy**", que Dios dice al hombre, y que el hombre dice a Dios.

Sea que lo diga Dios al hombre, sea que lo diga el hombre a Dios, ese "**aquí estoy**" tiene su razón de ser: "Aquí estoy **por ti**". Y tiene su finalidad: "Aquí estoy **para ti**".

Si es el hombre quien le dice al Señor: "aquí estoy", se entiende que le está diciendo: "mándame"; le está diciendo: "habla, Señor, que tu siervo escucha"; le está diciendo: "hágase en mí según tu palabra"; le está diciendo: "¿qué quieres que haga?"

Pero al mismo tiempo que dice "**aquí estoy**", el creyente intuye que hay un abismo abierto entre él y Dios.

Entonces, desde lo hondo del propio yo, se abre camino hasta los labios la confesión de lo que el hombre es a los ojos de Dios: "¡Ay de mí, estoy perdido! Yo, hombre de labios impuros, que habito en medio de un pueblo de labios impuros, he visto con mis ojos al Rey y Señor de los ejércitos"; confesión que necesito hacer cada día con las palabras de Simón: "Apártate de mí, Señor, que soy un pecador".

130

Entre ese: "¡Ay de mí!", ese "apártate de mí", y el "aquí estoy" que han de pronunciar el profeta y el discípulo, la fe percibe siempre un "no temas", un "no tengas miedo", que llevan aparejados una purificación de nuestros labios impuros, un acercamiento de Dios a nuestra debilidad, una gracia, una mirada acogedora, la declaración de una misión.

En realidad, profetas y discípulos sólo somos aprendices de Jesús, aprendices del Hijo, que, entrando en el mundo, dice al Padre: "Aquí estoy, oh Dios, para hacer tu voluntad." De la mano de Jesús, entramos en la escuela donde aprendemos a ser hijos de Dios.

Con Jesús, la Iglesia dice: "Aquí estoy", y, con Jesús, como Jesús, es enviada a evangelizar a los pobres. Con Jesús decimos: "Aquí estoy", y, con Jesús, como Jesús, nos hacemos obreros en el reino de Dios, testigos de la fidelidad de Dios, sacramentos de su misericordia, evangelio para los pobres.

El domingo y su eucaristía se nos vuelven así escuela de hijos de Dios, de profetas del Altísimo, de discípulos de Cristo Jesús. Pero el gozo sereno de nuestro domingo, de nuestra eucaristía, una y otra vez es atravesado por la violencia atroz que sufren los pobres: Obligamos a una madre, con sus tres niños, a cobijarse del frío bajo una tienda de plástico; ajusticiamos a doce inocentes abandonándolos en una cámara de congelar; empujamos a una travesía hacia la muerte a miles de personas en busca de futuro.

Dios mío, ¿por qué la crueldad pisotea lo que el amor tenía que abrazar? ¿Por qué odiamos a los pobres? ¿Por qué te odiamos, Señor?

En nuestro domingo, en nuestra Eucaristía, en la escuela donde los hijos de Dios aprendemos a amar, allí, con Jesús, aprendemos a decir *"Aquí estoy"*. Se lo decimos a Dios; se lo decimos a los pobres: *"Aquí estoy"*.

Feliz comunión con Cristo Jesús.

131

HE DE ESCOGER

"Maldito quien confía en el hombre... habitará la aridez del desierto".

Nadie piense que se trata de una maldición pronunciada por el Señor; es simple constatación de lo que lleva consigo la confianza del hombre en el hombre: "quien en la carne pone su confianza apartando su corazón del Señor", ése transforma en desierto el paraíso, en sequedal la tierra prometida, en luto la fiesta de la vida.

No es una doctrina: es una historia. Es la historia de los padres en el paraíso, es la historia de Caín, es la historia del pueblo de la Antigua Alianza, es nuestra propia historia de pueblo de Dios, tentado siempre a poner el corazón en el dinero, en el poder, en los propios intereses, lejos de Dios.

"Maldito quien confía en el hombre": en nombre de supuestos derechos, en nombre del propio poder, en nombre de sí mismo, por ser él quien es, va llenando de muertos los caminos, va amargando de lágrimas los hogares, va transformando en un desierto la tierra de las esperanzas.

"Maldito quien confía en el hombre": lo suyo será la muerte. No tendrá que saber a quién dispara, lo suyo será disparar, no importa que sea sobre la inocencia de los niños, sobre el dolor de las madres, sobre los sueños de todos...

"Maldito quien confía en el hombre": habéis echado sal sobre vuestras vidas, habéis echado horror sobre vuestro descanso, ya sólo podéis huir de vosotros mismos sin que jamás lo consigáis, como Caín. Mientras vosotros seáis vuestro dios, la muerte será vuestro compañero, vuestra sombra, vuestro destino. "Maldito quien confía en el hombre": "Apartaos de mí, malditos"... No seré yo quien lo diga; y pido no ser yo quien lo escuche dirigido a mí...

Lo dirá el Rey, y dirá también el porqué: "Porque tuve hambre, y no me disteis de comer; tuve sed, y no me disteis de beber"; fui emigrante y pusisteis vallas en mi camino, pusisteis trampas mortales en la que quedase atrapado, me empujasteis sin piedad a morir de sed en el desierto, de frío bajo el invierno, ahogado en el mar, abatido a tiros en las fronteras de vuestro banquete, enfermo a las puertas de vuestra casa.

Ni siquiera me atrevo a recordar que puedes cambiar en bendición la maldición, que aún puedes amar, porque todo me dice que despreciarás ese recuerdo salvador, y continuarás poniéndote a ti mismo, por encima de cualquier otra consideración. Continuarás poniéndote a ti mismo en el lugar de Dios. Continuarás confiando en el hombre. Entonces, para mí y para ti, el salmista insistirá: "Serán paja que arrebata el viento". Y empiezas a intuir llenas de verdad las palabras del evangelio: "Dichosos los pobres... los que ahora tenéis hambre... los que ahora lloráis"...

He de escoger entre el rico epulón y el pobre que, cubierto de llagas, está echado a su puerta. He de escoger entre el guardia que dispara y el niño que muere con una bala en la cabeza. He de escoger entre el usurero que exprime al hambriento y el hambriento que busca pan. He de escoger entre quien crucifica y los crucificados. He de escoger entre el hombre y Dios.

Si hoy comulgo, se entiende que escojo el camino del Hijo, el camino de Jesús, el camino del que se hizo pobre para enriquecernos con su pobreza, el camino de los pobres... Si hoy comulgo, se entiende que escojo el camino de la confianza en el Señor, el camino de la mirada compasiva sobre el sufrimiento humano, el camino de ser bendición para los pobres, el camino de ser bendito para Dios. Si hoy comulgo, se entiende entrego a Dios mi corazón... Si hoy comulgo, se entiende que escojo la bendición. Pero he de escoger.

Feliz domingo. Feliz encuentro con la bendición de Dios.

"A MÍ ME LO HICISTEIS"

(24 de agosto de 2021. Una embarcación con al menos 70 migrantes a bordo naufragó frente a la costa de Libia, y se cree que por lo menos 17 personas perdieron la vida, informó el lunes un funcionario de migración de las Naciones Unidas. Se trata del más reciente desastre en el mar Mediterráneo en el que hay involucrados migrantes que buscan una mejor vida en Europa. Durante años, grupos defensores de derechos y empleados de agencias de la ONU que trabajan con migrantes y refugiados han citado testimonios de sobrevivientes sobre un abuso sistemático en los campamentos de detención en Libia. Esos testimonios incluyen acusaciones sobre trabajo forzado, golpizas, violaciones y tortura. Los maltratos suelen estar acompañados de intentos por extorsionar a familiares antes de que se les permita a los migrantes salir de Libia en barcos de traficantes)

Lo sabemos desde que hemos sido llamados a la fe: nuestro Dios, aunque siempre escondido, aunque siempre misterio, está siempre cerca de nosotros, tan cerca como lo están de nuestro corazón los mandatos y decretos que nos mandó cumplir, la palabra de la Sagrada Escritura que escuchamos, el Pan de la Eucaristía que recibimos, los pobres con los que nos encontramos.

Dios se nos mostró cercano, bondadoso, pródigo, asombroso, sobrecogedor, en esta tierra que nos confió para que la cuidásemos y la trabajásemos.

Dios se nos hizo cercano como madre y padre que sube a sus hijos sobre sus rodillas, y les enseña a hablar, a discernir lo que lleva a la vida y lo que lleva a la muerte: Dios se nos reveló madre y padre que, con palabras humanas, con lazos humanos, nos ha enseñado a vivir.

Y al llegar a su plenitud los tiempos de la revelación, sin que nadie lo pudiera sospechar, sin que ningún profeta lo hubiese podido intuir, sin que ninguna razón lo pudiese prever, Dios se nos hizo tan cercano que "su Palabra se hizo carne y habitó entre nosotros": en Cristo, Dios se hizo pobre para enriquecernos con su pobreza; en Cristo, Dios se vació de sí mismo, "se despojó de su rango y tomó la condición de esclavo pasando por uno de tantos", y así, como uno cualquiera de nosotros, bajó con nosotros incluso a la muerte y a una muerte de cruz.

Entonces supimos que, en Cristo Jesús, Dios estaba tan cerca de nosotros como lo están los hermanos con quienes convivimos, como lo está la comunidad eclesial a la que pertenecemos, como lo están los necesitados que encontramos, como lo está el pan de la Eucaristía con que Cristo Jesús nos alimenta.

Y si alguien nos preguntase qué hay detrás de esa historia de Dios con nosotros, le diríamos que sólo hay amor, que la razón de todo es el amor, que todo viene del amor y todo lleva al amor, y sólo el amor puede honrar a Dios como Dios quiere ser honrado.

Si no lo honramos con la cercanía del corazón, amándolo allí donde él se nos hace cercano, a Dios sólo lo honraremos con los labios, que es una manera sarcástica de deshonrarlo.

Lo deshonra quien deja a un lado el mandamiento de Dios y se aferra a latines, a vestiduras, a genuflexiones, a sacralidades que son sólo tradiciones humanas.

Lo deshonramos adornando templos y olvidando a los pobres.

Lo deshonramos pidiendo que atienda nuestras oraciones y desoyendo su lamento en los oprimidos.

Lo deshonramos fingiendo recibirlo con respeto en la eucaristía y cubriéndolo de heridas y de injurias y de suciedad en los emigrantes.

Lo deshonramos apropiándonos de lo que fue creado para todos, destruyendo lo que los pobres necesitan para comer, y reduciendo la creación a un basurero. Y en ese ejercicio blasfemo de honrar a Dios con los labios y dejarlo fuera del corazón, lamentablemente hemos sido pioneros y somos maestros los pueblos que nos decimos de «tradición cristiana».

Si queremos saber qué lugar ocupa Dios en nuestra vida, antes de preguntarnos cuántas veces comulgamos en la eucaristía, habremos de preguntarnos qué lugar ocupan los pobres en nuestro corazón.

Mañana, cuando todo llegue a su fin, todos hemos de escuchar la única verdad que vale la pena reconocer ahora, porque en ello nos va la vida: "A mí me lo hicisteis".

Feliz encuentro con los pobres en la eucaristía. Feliz encuentro con Cristo resucitado.

EN COMUNIÓN CON CRISTO Y CON LOS POBRES

La palabra de Dios nos acerca hoy al misterio de la muerte de Jesús.

Llevo grabada en la mente la imagen del Crucificado: Jesús, los pobres, hombres, mujeres y niños que a miles mueren de hambre y de olvido cada día de nuestra vida...

Olvida si quieres, Iglesia cuerpo de Cristo, las razones con que a sí mismos se justifican quienes los crucifican; serán siempre las mismas; para ellos, Jesús, los hambrientos, los emigrantes, representan sólo una amenaza.

El hecho es que son un peligro: son portadores de un mandato de amor que a todos nos expropia, un mandato que, si aceptado, lleva consigo la destrucción del sistema de valores que rige la vida de nuestra sociedad.

Olvida las razones del poder y, en el evangelio de este domingo, fíjate en lo que de sí mismo dice Jesús. Fíjate, porque lo podemos entender dicho también de los pobres: "El Hijo del hombre tiene que padecer mucho, tiene que ser condenado... ser ejecutado y resucitar a los tres días".

Dice: "tiene que", pero no es un destino, no es una fatalidad.

La suerte de Jesús, la de los pobres, es la consecuencia natural a la que llevan las razones del ídolo, la servidumbre del dinero.

Jesús y los pobres tienen que padecer mucho, tienen que ser condenados... ser ejecutados... y sólo la fe se atreve a decir que el poder no podrá someterlos a la muerte: sólo la fe puede ver que, con Jesús, los pobres han recorrido el camino que lleva a la vida.

Él y ellos, llevados siempre como ovejas al matadero, siempre excluidos, olvidados, expoliados, humillados, esclavizados…

He oído la oración de Jesús: "Padre, perdónalos porque no saben lo que hacen". Y la hice oración de todos los crucificados, de todos los hijos de Dios, de todas las víctimas de nuestra arrogancia, de nuestra prepotencia, de nuestro egoísmo: "Padre, perdónalos porque no saben lo que hacen".

En este mundo hipócrita y cínico, los pobres tendrían que lamentar no haber nacido animal doméstico, especie protegida o animal de compañía; tendrían que pedir ser tratados al menos como animales de matanza, trasladados al matadero bajo la protección de leyes que obligan a respetarlos, y sacrificados de forma que se les ahorren sufrimientos.

En nuestro mundo, la vida de Jesús, la de los emigrantes pobres, no vale la de una mascota.

Me pregunto quién ha asignado ese destino a Cristo y a su cuerpo pobre. Y aunque el corazón se vuelva al cielo reclamando justicia, se vuelve necesariamente al suelo, al hombre, señalando a quien los condena, a quien los tortura, a quien se burla de ellos, a quien los mata.

El Señor continúa preguntándome: ¿Dónde está tu hermano? ¿Dónde está mi Hijo? ¿Qué hiciste de mis hijos?

Y vuelvo a fijarme en Jesús para vislumbrar una promesa de vida en esta muerte de la que los pobres no pueden apartarse: él aprendió, sufriendo, a obedecer; él, que siempre nos amó, llevó ese amor hasta el extremo; él, en su cuerpo, abrió caminos a la esperanza. Y empiezo a creer que, obedeciendo y amando, también estas víctimas están salvando a sus verdugos.

Hoy mi comunión es con Cristo y con su cuerpo pobre, con Cristo resucitado y con su cuerpo sufriente, olvidado, ignorado, despreciado en los pobres, por si con ellos se me concede aprender obediencia y amor.

QUE ÉL SE OFREZCA HOY EN NUESTRAS VIDAS

El hecho es que sólo quiero hablar de Cristo Jesús, de aquel a quien confieso "Señor mío y Dios mío", aquel a quien reconozco como mi salvador, mi redentor, mi luz, mi vida. Sólo quiero hablar de él; pero en realidad eso significa que quiero escuchar sus palabras, fijarme en lo que hace, imitar su vida, seguir sus pasos.

También lo podríamos decir así: queremos comulgar con él, queremos que él sea en nosotros, que él viva en nosotros, que él ame en nosotros, que él continúe en nosotros su lucha contra el mal que aflige a la humanidad.

Por el misterio de la encarnación, fue él quien buscó primero esa comunión con nosotros, ese encuentro con los necesitados de salvación.

No hay fe cristiana si no reconocemos la comunión de Cristo Jesús con nosotros y nuestra comunión en Cristo con la humanidad entera.

Las dos pertenecen al corazón de nuestra fe: la "comunión de Cristo Jesús con nosotros", y "nuestra comunión con la humanidad". Pero ninguna de ellas sería posible si la palabra comunión se quedase fuera del vocabulario del amor, fuera del amor que Cristo Jesús nos tiene, fuera del amor que Cristo Jesús nos pide tener a toda la humanidad: un amor verdadero, eficaz, poderoso para expulsar demonios; un amor humilde para dar a beber un vaso de agua a quien tenga sed.

En las costas de Almería el mar está arrojando a las playas cadáveres de hombres, mujeres, niños, que son cuerpo de Cristo, que son nuestra propia carne.

En lo que va de año, en el mar que une África y las Islas Canarias han muerto o han desaparecido más de 1.900

personas, hombres, mujeres, niños, que son cuerpo de Cristo, que son nuestra propia carne.

No veo cómo podamos ser creyentes sin solidaridad con las víctimas de la iniquidad fratricida, de la indiferencia deshumanizada, de la violencia homicida.

Esa solidaridad no debiera resultarnos difícil. Pero la fe nos pedirá mucho más: reclamará nuestra vida para la salvación de los verdugos, de los que esclavizan, de los que crucifican, de los que asisten al espectáculo, de los que desprecian el dolor de los crucificados.

"En esto hemos conocido el amor de Dios: en que él dio su vida por nosotros. También nosotros debemos dar nuestra vida por los hermanos".

Esa es nuestra vocación: Amar a todos, como Jesús. Salir en busca de todos, como Jesús. Dar la vida por todos, como Jesús.

Cristo Jesús es la ley perfecta, el precepto fiel, el mandamiento verdadero. Él es descanso del alma.

Para nosotros la vida está en aprender a Jesús, en comulgar con Cristo Jesús, en ser de Cristo Jesús.

Ojalá escuchemos hoy su voz. Que él abrace hoy con nuestros brazos a la humanidad que sufre. Que él se ofrezca hoy en nuestras vidas a los necesitados de salvación.

Feliz comunión con el amor de Dios en Cristo Jesús.

HABLEMOS DE AMOR...
Y DE CAMINOS

(De una celebración de la Palabra, en memoria de los inmigrantes que mueren sin alcanzar la meta de su camino)

Queridos: Hemos oído, como palabra del Señor, la revelación de un gran misterio: *"Si Dios está a favor nuestro..."*. Esas palabras no expresan una posibilidad entre otras, como si dijesen: *"en el caso de que Dios esté a favor nuestro"*. Al contrario, expresan una certeza, como si dijesen: *"sabemos que Dios está a favor nuestro"*. Y esa certeza sostiene la confianza del creyente, su esperanza, su firmeza, su fortaleza.

Si os preguntáis de qué manera está nuestro Dios *"a favor nuestro"*, no busquéis la respuesta en las ideas religiosas que cada uno pueda tener; buscadla más bien en lo que Dios mismo ha manifestado a todos al darnos a su Hijo Jesucristo. El apóstol Juan lo contempló así: *"Tanto amó Dios al mundo que dio a su Hijo único para que tenga vida eterna y no perezca ninguno de los que creen en él"*.

La fe no nos enseña a decir grandes cosas sobre el amor de Dios, sino que nos lleva a reconocerlo y acogerlo en ese Hijo que se nos ha dado para que tengamos vida y la tengamos en abundancia.

Si tal es el amor que Dios nos tiene, si de esa manera el Señor está a favor nuestro, me pregunto con el apóstol Pablo: *"¿Quién estará contra nosotros?"* Y la respuesta que se sobreentiende es: **Nadie**.

Si miramos al Padre del cielo, nos encontramos con la grandeza de su amor, revelado en el don de su Hijo: **él no estará nunca contra nosotros**.

143

Si miramos al Hijo de Dios, a Jesucristo nuestro Señor, nos encontramos con la grandeza de su amor, revelado en la entrega de su vida, en el misterio de su muerte, de su resurrección y de su ascensión a los cielos: **él no estará nunca contra nosotros.**

Queridos: conocéis de cerca, muy de cerca, por haberlo experimentado en vuestra carne, el sentido de las palabras "aflicción, angustia, persecución, hambre, desnudez, peligro, espada". Conocéis de cerca la soledad, el miedo, la clandestinidad. Muchos de vosotros sabrían describir el olor de la muerte, por haberla sentido al lado durante tiempos interminables. El apóstol, experto como vosotros de sufrimientos y naufragios, se pregunta y nos pregunta: *"¿Quién podrá apartarnos del amor de Cristo?"* Y la respuesta que se sobreentiende es: **Nadie. ¡Nada ni nadie** podrá apartarnos del amor de Dios, manifestado en Cristo Jesús, Señor nuestro!

Vosotros conocéis los caminos de sufrimiento de la humanidad: caminos en el desierto, caminos en la ciudad, caminos en los bosques, caminos en el mar. Vosotros entráis en esos caminos con la esperanza de que os lleven a una tierra mejor, a una mayor libertad, a un mundo más justo. Entráis en esos caminos con la decisión de quien todo lo arriesga por alcanzar una meta, que para muchos de vuestros hermanos ha sido sólo la muerte. Yo no puedo apartaros del riesgo de la vida, no puedo apartaros de vuestros sueños, no puedo protegeros de quienes os entregan a la muerte como si no fueseis sus hermanos. Pero puedo mostraros, entre tantos caminos de sufrimiento sin esperanza, un Camino trazado por quien os ama hasta dar la vida por vosotros, un Camino de esperanza con sufrimiento, un Camino que nunca termina en la muerte, pues el mismo que se ha hecho Camino para nosotros, en también nuestra Vida.

No tengáis miedo. Cristo os ama. Él es vuestro Camino de la Vida. En él viven para siempre todos los hermanos que nos han dejado. Feliz domingo. Feliz camino con Cristo.

SE SALVARÁ EL PUEBLO DE LOS POBRES

La noticia, por repetida, comienza a no serlo: "Recuperan en el mar un cadáver en avanzado estado de descomposición". Y ya no lo es la información: se trata de un emigrante, un emigrante pobre, uno de tantos desaparecidos en un mar que no entiende de sueños ni de piedad. Aquel cadáver era de una mujer, mujer negra, mujer africana.

Me aventuré a leer los comentarios escritos a pie de noticia, comprobé anonadado que los había dictado el odio, la xenofobia, el racismo, un espíritu más del infierno que de la tierra, más de las entrañas del mal que de una mente humana.

Entonces, Dios mío, sentí hambre y sed de justicia, hambre y sed de misericordia, hambre y sed de ternura, hambre y sed de humanidad, hambre y sed de salvación, hambre y sed de ti.

En el alma se dan cita innumerables nombres, innumerables agonías, innumerables miedos, innumerables gritos, innumerables tragedias, innumerables muertes.

En esas vidas, en esos nombres, en los labios de todas las víctimas quiero dejar eternizada la esperanza del salmista: "Me enseñarás el sendero de la vida, me saciarás de gozo en tu presencia... no dejarás a tu fiel conocer la corrupción".

Que el corazón de los pobres guarde siempre la certeza de esa esperanza: "El Señor es el lote de mi heredad... mi suerte está en su mano".

Ése es el pueblo de los pequeños, de los humillados, de los últimos, de cuantos son víctimas del mal, de los lázaros echados en nuestro portal... Sus vidas son del Señor... El

Señor ha querido ser su heredad: El Señor les hará justicia, y la hará sin tardar.

Perdona, Señor, a cuantos hacemos sufrir a tus hijos, a cuantos crucificamos a tu Hijo, a cuantos ironizamos sobre su impotencia, a cuantos despreciamos su angustia, a cuantos nos encogimos de hombros mientras ellos morían. Odiamos a los pobres, y en ellos odiamos a Jesús.

Jesús y los pobres claman porque nos perdones; en su amor extremo van diciendo que no sabemos lo que hacemos.

Despiértanos, Señor, para que te conozcamos, para que te reconozcamos en esa mujer, negra y africana, en los miles de lázaros que mueren abandonados a las puertas de nuestra casa, en los innumerables despojados que yacen medio muertos al borde de nuestros caminos.

Despiértanos, para que, comulgando contigo hoy en la eucaristía, comulguemos con ellos también.

Despiértame, y junto con tus pobres, "protégeme, Dios mío, que me refugio en ti".

EN LA EUCARISTÍA Y EN LOS POBRES NOS VISITA... ¡EL REY!

(Jesucristo, rey del universo)

A un pobre, juzgado por sanedrines teocráticos y magistrados imperiales, condenado por todos, ajusticiado como blasfemo, como esclavo y criminal, y sellado en un sepulcro para enterrar allí con su cuerpo también su memoria, a ese pobre los cristianos lo celebramos en la liturgia de cada día, que es lo mismo que decir, lo recordamos cada día con agradecimiento y con fiesta, y hoy lo declaramos, no sólo nuestro Rey, sino El Rey del universo, ¡El Rey!

Interrogado por el procurador romano: *¿Eres tú el rey de los judíos?*, Jesús de Nazaret, un despojado de todo poder, un acusado a quien todos podían escupir y despreciar, humillar y atormentar, responde: *Soy Rey. Yo para esto he nacido y para esto he venido al mundo: para ser testigo de la verdad. Todo el que es de la verdad, escucha mi voz.*

Ese hombre, Jesús, con su púrpura de burla, su corona de espinas, su trono de crucificado, ése es el Rey ante quien nosotros nos inclinamos, ése es el Rey a quien hoy aclamamos diciendo: *El Señor reina, vestido de majestad.* En ese hombre, en ese pobre, en su abandono, en su debilidad, reconocemos el amor que da consistencia al universo, la fuerza que lo mueve; en ese retoño sin aspecto que pudiéramos apreciar, en ese desecho de hombre, reconocemos al Hijo más amado, en quien el Padre quiso fundar todas las cosas: *Así está firme el orbe y no vacila.*

En ese crucificado reconocemos a Aquel que nos amó y nos liberó de nuestros pecados y nos ha convertido en un reino, y nos ha hecho sacerdotes de Dios. De ese hombre nos fiamos. A ese Rey le abrimos de par en par las puertas de nuestra vida

Sea que lo recibamos resucitado y humilde en la divina eucaristía, sea que lo recibamos herido y necesitado en el cuerpo de sus pobres, es siempre el Rey quien entra en nuestra vida, es *el Señor quien se sienta como rey eterno, es el Señor quien bendice a su pueblo con la paz.*

Y cuanto dije de él, cuanto creo de él, cuanto celebro de su misterio, lo digo de él en los pobres, lo creo de los pobres en él.

Ellos, los despojados de poder, de derechos y de pan, los acusados de violentos y borrachos, los señalados como un peligro para los demás, ellos son "*el rey*", y quienes son de la verdad escuchan su voz. Ellos, expuestos a la muerte, asfixiados en éxodos imposibles, condenados a morir de hambre y de frío en fronteras diseñadas para la seguridad de unos pocos, ellos son "*el rey*". En ellos, en su abandono, en su debilidad, la fe reconoce y abraza al Hijo más amado, al Señor de nuestra vida, a aquel en quien el Padre quiso fundar todas las cosas.

Ellos, con su estigmatización social a cuestas, con sus vidas a cuestas, con su fardo de miedos y angustias y terrores y agonías a cuestas, ellos son mi rey, de ellos voy diciendo: "*El Señor reina*"; y no quiero borrar lo que el salmista añadió: "*vestido de majestad*"; pues también en estos reyes, de burla para la impiedad, pero de verdad para la fe, habita, como en el Rey del universo, la gloria de Dios.

Pero éstas son sólo cosas de la fe, misterios que ella sola revela, luz que ella enciende en la mirada.

Hoy, el milagro de la fe nos permite ver al Rey, recibirlo y abrazarlo en la Eucaristía y en los pobres.

¡BOZA! ¡BOZA! ¡BOZA! ¡VICTORIA! ¡VICTORIA! ¡VICTORIA!

La palabra proclamada en la solemnidad de la Ascensión del Señor nos guía a la contemplación del misterio que celebramos: Hoy, ante el asombro de los ángeles, el hombre Cristo Jesús fue elevado hasta la nube misma en la que Dios habita. Hoy, con Cristo Jesús, que es cabeza de la Iglesia, sube a los cielos la Iglesia, que es su cuerpo. Hoy atraviesa la gloria el clamor de los pobres que han sido enaltecidos en Cristo Jesús: *¡Boza! ¡Boza! ¡Boza! ¡Victoria! ¡Victoria! ¡Victoria!*

Dices bien, Iglesia cuerpo de Cristo, si afirmas que él se va y tú te quedas; pero no lo habrías entendido bien si pensases que él se va sin ti y que tú te quedas sin él. El mismo a quien ves apartarse de tu vista, se queda contigo hasta el fin del mundo. Y nosotros, que guardamos en el corazón la certeza de estar ya con Cristo sentados a la derecha de Dios, continuamos nuestra peregrinación por los caminos de la humanidad, subiendo allí donde nos ha precedido Cristo Jesús, siguiéndolo por el camino que él nos ha señalado, recorriendo el Camino que es Cristo Jesús.

Entonces te deslumbra la verdad de la paradoja: A lo alto se sube bajando, al amor que es Dios se asciende descendiendo con amor hasta lo hondo de la condición humana. ¡Encarnación es el primer paso de esta ascensión!

Entonces sueñas y pides: Enséñame, Amor, ese camino que lleva fuera de la posada, llévame contigo al lugar donde nacen los sin techo, al establo donde reciben homenaje los sin nada.

Llévame a ese desposorio tuyo con la humanidad pobre, con la carne crucificada, con los desechados al borde de los caminos, con los echados en el portal de nuestra abundancia inicua, de nuestra frivolidad ciega. Llévame a tu encuentro nupcial con la humanidad olvidada, con la abandonada, la descartada, la violada, la demolida, la que a esos desposorios divinos aporta en dote abandono, lágrimas y llagas.

Llévame contigo, Amor, a tu abrazo con la lepra, con la noche, con la muerte, con el abismo, con la náusea. Vamos los dos aún, vamos siempre, a robar dolores, a secuestrar heridas, a iluminar oscuridades, a derramar sobre el mundo el ungüento perfumado de tu alegría.

Llévame contigo, Amor, al milagro de tu pascua: juntos los dos, vamos a romper cadenas, a quitarle habitantes al hambre, súbditos a la soledad, víctimas a la muerte; vamos a liberar en los rescatados, en el cielo y en la tierra, en ti y en mí, un clamor interminable de triunfo: "Cantaré al Señor, gloriosa es su victoria… Mi fuerza y mi poder es el Señor, él fue mi salvación". Llévame contigo, Amor, a la hora de tu pan multiplicado: es la hora de tu vida presentada, ofrecida, entregada, partida, repartida, comulgada. Que los pobres den testimonio de que somos para ellos el pan que les ha preparado el Espíritu del Señor.

Vamos a lo alto, juntos los dos, mar adentro, donde naufragan los sueños, donde zozobra el futuro de los pobres, donde los vientos del poder sacuden la barquilla de los que buscan otra orilla. Llévame a donde tú bajas, llévame contigo a lo hondo, llévame contigo al cielo. Los dos aún, siempre los dos, haciendo interminable el grito de los pobres: *¡Boza! ¡Boza! ¡Boza! ¡Victoria! ¡Victoria! ¡Victoria!*

Feliz domingo, Iglesia cuerpo de Cristo.

ALEGRÍA PARA LOS POBRES

(Lo que sigue, lo escribí hace mucho tiempo. Eran los días de mi servicio como obispo en tierras de Marruecos)

«Llueve desde hace días.

Con la lluvia, la vida de los chicos en el bosque de Beliones se te vuelve memoria obsesiva como una melodía que hubieras oído demasiadas veces.

Bajo el aguacero, subimos a la montaña porque ellos nos esperaban.

El coche iba lleno de todo, que, en aquellas circunstancias, es como decir que iba lleno de nada, pues mantas y ropas y calzado, recibidos como se recibe lo indispensable para vivir, todo, seguramente todo, llegó empapado de agua, si no de fango, al compasivo refugio que ofrecen los plásticos.

Aquella tarde, sólo abracé hijos pasmados de frío y mojados.

Entonces, te invade un sentimiento de culpa y se te vuelve losa insoportable el sentimiento de impotencia: No puedes cambiar el sistema económico que va llenando de pobres el mundo para que haya un puñado de ricos. No puedes cambiar el sistema político que a unos pocos los hace dueños del destino de todos. No puedes cambiar el sistema de poder que determina quién en la sociedad es sujeto de derechos y quién es sólo objeto de dominio. Ni siquiera puedes aliviar con una manta caliente el frío de tus hijos, porque no habrá para ellos un lugar donde guarecerse de la lluvia y el viento. No puedes, no puedes, no puedes... porque un mundo de gente importante ha decidido que no puedas, han decidido por ti, y lo que es mucho peor, han decidido por hombres, mujeres y niños a los que han declarado indocumentados, ilegales, sin papeles, irregulares. A las puertas del sistema nunca sufren y mueren personas de carne y hueso; por allí sólo se mueven abstracciones, predicados y adjetivos.

Hoy, solemnidad de la Inmaculada Concepción, en lo más hondo de esa memoria angustiada de hijos que sufren, resuena como un desafío la voz del profeta: *"Desbordo de gozo con el Señor y me alegro con mi Dios, porque me ha vestido un traje de gala me ha envuelto en un manto de triunfo como novia que se adorna con sus joyas"*.

La liturgia guarda esas palabras en el corazón de María de Nazaret, la mujer de alma traspasada por una espada de dolor, la Madre que sólo puede compartir y no aliviar el dolor de su Hijo crucificado, la bendecida por la que a todos nos vino la bendición, la llena de gracia que es la causa de nuestra alegría.

Aquellas palabras, la comunidad eclesial las escucha pronunciadas por Cristo resucitado, alegría del mundo, resplandor de la gloria del Padre.

En realidad, son palabras que sólo tienen sentido dichas para hijos crucificados y madres al pie de la cruz. Son palabras testimonio del compromiso de Dios con los pobres. Son palabras para gritar en todas las montañas donde la legalidad vigente atormenta el cuerpo de Cristo: *"Desbordo de gozo con el Señor y me alegro con mi Dios, porque me ha vestido un traje de gala me ha envuelto en un manto de triunfo como novia que se adorna con sus joyas"*.

Hoy, Iglesia amada de Dios, formando un cuerpo con Cristo en la eucaristía y con Cristo en el calvario de los pobres, haces tuya la profecía y desafías con tu debilidad la arrogancia de los poderosos, con tu esperanza denuncias su idolatría del dinero, con tu amor te enfrentas a la frialdad de su indiferencia; y mantienes en el corazón de los pobres la certeza de que hay reservada para ellos una herencia de alegría.

154

Te lo ha dicho el profeta, lo has oído en tu eucaristía: Dios mantiene abiertas para los pobres las puertas del futuro.»

No sé si hoy llueve en aquellos montes de mi ministerio. Sé que en la frontera sur de España, sólo en lo que va de este año 2021, han muerto más de 1.200 emigrantes. Sé que los mismos poderosos, las mismas políticas, los mismos intereses, los mismos egoísmos, continúan empujando a los pobres hacia un abismo donde no los empapará la lluvia sino que se los recogerá la muerte.

«Hoy, Iglesia amada de Dios, formando un cuerpo con Cristo en la eucaristía y con Cristo en el calvario de los emigrantes, haces tuya la profecía y desafías con tu debilidad la arrogancia de los poderosos, con tu esperanza su idolatría del dinero, con tu amor la frialdad de su indiferencia; y mantienes en el corazón de los pobres la certeza de que hay reservada para ellos una herencia de alegría»: *"Desbordo de gozo con el Señor".*

DIOS NOS ESPERA
EN LA TIERRA DEL HOMBRE

"Ha sido inmolada la víctima pascual: Cristo Jesús".

En ese Hijo, que lo es de Dios y de mujer, Dios se nos ha manifestado como amor desmedido, amor tan humano como nuestra propia carne, amor tan nuestro como nuestra propia debilidad.

Es Pascua: Es la consumación del misterio de la entrega de Dios a la humanidad, de la entrada de la humanidad en la vida de Dios.

Es Pascua: Cristo ha resucitado; resucitemos con él.

Éste es el corazón de nuestra fe: Que Dios nos dio a su Hijo Unigénito, y que este Hijo nos habló y nos curó y nos amó hasta el extremo, hasta morir y resucitar por nosotros para que vivamos con él, hasta entregarse por nosotros para darnos su espíritu, para hacer de nosotros hijos de Dios.

Confesamos que en darnos a su Unigénito, Dios Padre nos ha dado la medida sin medida de su amor, que no tiene ya otro modo de decirnos que nos ama, no tiene ya otro modo de decirnos que somos su alegría, no tiene ya otro modo de decirnos nada más. En darnos a su Unigénito, Dios Padre nos ha revelado su predilección por los pequeños, su debilidad por los enfermos, su pasión por nosotros pecadores.

Confesamos al mismo tiempo nuestros pecados, pues todavía no hemos empezado a creer lo que Dios nos ha revelado de sí mismo y de nosotros en la Pascua de su Hijo.

Confesamos que al hombre a quien Dios ama, al hombre por quien Jesucristo el Señor entregó su vida, al hombre en quien Dios ha puesto su Espíritu, al hombre a quien el Padre divinizó en Cristo Jesús, lo despreciamos, lo humillamos, lo perseguimos, lo maltratamos, lo ultrajamos, lo explotamos, lo esclavizamos, lo asesinamos.

Con razón y con indignación identificamos y señalamos al terrorista que sacrifica hijos de Dios en el altar de una ideología con pretensiones de valor universal. Con razón y con indignación identificamos y señalamos al poderoso que, imitando deidades monstruosas, decide sobre la vida y la muerte de innumerables inocentes. Pero puede que utilicemos esas figuras sanguinarias para olvidarnos de nosotros mismos, puede que ocultemos detrás de su crueldad manifiesta la vergüenza de nuestros pecados contra el hombre y contra Dios.

El hecho es que adoramos ídolos que ocupan en nuestras vidas el lugar sagrado que Dios ha querido que estuviese reservado para el hermano, para el pobre, para el otro.

Ofendemos gravemente a Dios –negamos a Cristo muerto y resucitado- quienes usamos el nombre de Cristo para discriminar en las fronteras refugiado de refugiado, africano y ucraniano, negro y blanco, musulmán y cristiano, como si Cristo hubiese muerto y resucitado para que en el mundo hubiese hombres y mujeres privilegiados, y no para enviar hombres y mujeres ungidos para evangelizar a los pobres.

Ofendemos gravemente a Dios –negamos a Cristo muerto y resucitado- quienes sacrificamos a los hijos de Dios sobre la mesa del poder político, del prestigio social, del beneficio económico; lo ofendemos gravemente quienes dejamos de servir al hombre para servir al dinero.

Es Pascua. Es la revelación plena del compromiso de Dios con el hombre.

Es pascua. Es hora de que hagamos nuestra la lucha de Dios por el hombre, de que nos pongamos con Dios en busca del hombre, de que salgamos con Cristo al encuentro del hombre.

Dios nos espera en la tierra del hombre. Feliz Pascua.

UN GRITO DE GUERRA, DE DIOS Y TUYO: «*LEVÁNTATE*»

No puedo imaginarme a mí mismo acercándome a Jesús, sin imaginar que lo hace al mismo tiempo la Iglesia de la que soy parte y con la que celebro la Eucaristía. Así que me acercaré en ella, en la Iglesia, e intentaré hacerlo con su fe, con su humildad, con su audacia, dispuesto a revivir hoy, con ella, en la verdad de los sacramentos lo que en otro tiempo vivieron, en figura, una mujer que padecía flujos de sangre, y una niña muerta por la que todos lloraban y se lamentaban a gritos.

De aquel tiempo y de hoy es el imperativo: «*Levántate*».

Si de nosotros podemos decir que vivimos en los sacramentos de la Iglesia lo que aquellas mujeres vivieron en los acontecimientos narrados en el evangelio de este domingo, es porque ese evangelio se vio cumplido, se vio llevado a plenitud en Cristo Jesús, en el misterio de su muerte y su resurrección.

Entra en la gracia de la eucaristía que celebras, Iglesia cuerpo de Cristo. Entra y asómbrate. Pues si te asombra la sanación de una mujer enferma y empobrecida, y más admirable aún te parece que una niña muerta vuelva a las actividades propias de una niña viva, ¿cuál no será tu asombro al verte a ti misma resucitada con Cristo, levantada con Cristo a la derecha de Dios, enaltecida e iluminada con la gloria de tu Señor?

Si quieres saber de tu Dios, fíjate en Cristo Jesús que es su revelación. Frente al mal que amenaza la vida del hombre —representado en la tempestad que amenaza con hundir la barca-, lo oíste decir: «*Cállate*». Y de Cristo Jesús, del que es revelación de Dios para ti, ves que sale fuerza que hace callar la enfermedad que te hacía impura y te empobrecía. Y oyes otro imperativo: «*Levántate*», un imperativo que reduce la muerte a la impotencia y devuelve a los muertos el hambre de la vida. Te fijas en Jesús y ves que tu Dios anda en misión contra el mal y en tu favor.

Y si quieres saber del hombre –si quieres saber de ti misma-, fíjate siempre en Jesús, y verás que es en él en quien la humanidad entera es sanada de la impureza y de la ruina; es en él en quien la humanidad entera es levantada de la muerte; es en él en quien tú, que eres su cuerpo, eres tomada de la mano y oyes una palabra que nunca hubieses soñado que podrías escuchar: "*Contigo hablo, niña, levántate*". ¡Es en él en quien Dios te bendice con toda bendición!

Entra en la eucaristía que celebras, entra y comulga, entra y resucita, entra y entona tu canto de alabanza: "Te ensalzaré, Señor, porque me has librado… Sacaste mi vida del abismo, me hiciste revivir… Cambiaste mi luto en danzas".

Entra en la eucaristía y deja que tu fe se ilumine con los resplandores de la vigilia pascual: "Con misericordia eterna te quiere el Señor, tu redentor".

Entra, Iglesia cuerpo de Cristo, y contigo, a tu celebración, lleva a tus hijos pobres, a tus hijos enfermos, a tus hijos mojados, olvidados, ahogados, a los hijos que Dios ama; llévalos y guárdalos a todos en el cuerpo de Cristo, en el Hijo amado, en el amor eterno de Dios.

Entra en tu eucaristía, y que en cada comunidad eclesial, en el corazón de cada uno de los fieles, resuene ese imperativo evangélico que es un grito de guerra, de Dios y tuyo, contra la muerte: «*Levántate*».

Si no nos levantamos, es que todavía estamos muertos.

Feliz comunión con Cristo resucitado.

EN DIOS, COMO HIJOS

Fuimos bautizados "*en el nombre* del Padre y del Hijo y del Espíritu Santo", o lo que es lo mismo, fuimos sumergidos en la vida de Dios, en la intimidad de Dios, en el ser de Dios.

Esa vida, esa intimidad, ese ser, *ese nombre*, esa Trinidad, es la fuente de donde todo procede, y es el destino hacia donde todo camina.

En ese nombre encontrará plena liberación la creación entera y plenitud de vida la humanidad.

De ahí el mandato: "Id y haced discípulos de todos los pueblos". Id y llenad de moradores *el nombre de Dios*. Id y sumergid a la humanidad entera en el Dios *cuyo nombre* es amor.

Tu casa es el amor que es Dios. Tu casa es el Padre y el Hijo y el Espíritu Santo.

Tu casa es ese misterio que hoy celebramos, y que llamamos Santísima Trinidad.

Por la fe y los sacramentos de la fe, habitamos ya *en ese nombre*: creímos y nos bautizamos *en él*; creímos y entramos *en él*, creímos y permanecemos *en él*.

Pero nada de eso hubiera sido posible si antes *el nombre*, nuestro Dios, el Dios de nuestra fe, no hubiese venido a nosotros.

Lo confesamos con palabras de revelación: "La Palabra se hizo carne y acampó entre nosotros". La Palabra bajó de Dios a nosotros para que nosotros pudiésemos subir con ella a Dios.

Si podemos decir con verdad que Dios es nuestra casa, es porque antes la Palabra de Dios hizo del hombre casa de Dios.

Habrás de habituar los ojos a la luz del misterio en el que has entrado —el de la Santísima Trinidad, el *del nombre* en el que hemos sido bautizados-, y empezarás a vislumbrar cosas inefables. Ese nombre que es tu casa, en realidad es tu familia: Somos hijos de Dios, y lo somos en el Hijo, en el único, en el Unigénito, y lo somos porque nos anima el único Espíritu divino.

Creímos, nos bautizamos, nos hicimos uno con Cristo Jesús, y, con Cristo Jesús, permanecemos en Dios como hijos.

Ahora considera el camino por donde has llegado a esa casa, a esa familia.

Para pudiésemos ir a Dios, ser en Dios, ser Dios, Dios tuvo que venir al hombre, ser en el hombre, ser hombre.

Para que nosotros pudiésemos ganar, él tuvo que perder. Para que pudiésemos subir, él tuvo que bajar.

Y la razón de ese abajamiento, de esa desapropiación, de ese empobrecimiento, no la busques en tus méritos, tampoco en tus necesidades: búscala en el amor. El amor con que él nos amó, a él lo perdió y a nosotros nos encontró, nos abrazó, nos divinizó.

Él se hizo hijo en nuestra casa, para que nosotros fuésemos hijos en Dios.

En el camino que lleva al reino de Dios, no son los excluidos los que intentan atravesar una frontera imposible, una sima inmensa que nadie puede cruzar: es el Rey quien la atraviesa, es el Rey quien allana el camino para que entren en el reino todos los hambrientos de pan y de justicia.

En esta fiesta de la unidad de todos en la unidad de Dios, se nos invita a soñar, a construir un mundo, en el que no hay fronteras que impidan a los pobres el encuentro con el pan y la justicia.

Feliz domingo. Feliz encuentro. Feliz comunión con Cristo y con los pobres.

ABIERTO SÓLO PARA POBRES

"Mirad: la Virgen está encinta y dará a luz un hijo, y le pondrá por nombre Dios-con-nosotros".

"Dios-con-nosotros": No es un grito de guerra, no es un grito de nada: es un nombre, es descripción, narración, noticia, es evangelio.

¿De qué Dios se habla?; ¿con quién está ese Dios? Los poderosos saben que su Dios, el poder, está con ellos. Los fabricantes de pobres saben que su Dios, el dinero, está con ellos. Los dueños de vidas humanas y recursos económicos saben que su Dios, la arrogancia del poder y del dinero, está con ellos...

Me pregunto para quién son buena noticia esa Virgen y ese parto de los que habla el profeta.

Ni ella ni su parto son evangelio para políticos que se dicen cristianos y niegan a los humillados de la tierra el derecho a salir de su humillación. Ni ella ni su parto son buena noticia para eclesiásticos que en hombres, mujeres y niños que huyen de la esclavitud, apenas consiguen ver nada si no es una amenaza para el propio mundo de rutinas, de poder, de privilegios. Ni ella ni su parto representan nada para un mundo que se ha olvidado de cuidar a Cristo donde Cristo sufre, un mundo que no recibe a Cristo en los que tienen hambre, en los que tienen sed, en los que tienen frío, en los que carecen de un techo que los cobije, en los que mueren de soledad. Ni ella ni su parto son para quienes comulgamos fingiendo acoger a Cristo en la eucaristía y haciéndole ascos en el diferente, despreciándolo en el clandestino, ahogándolo en el emigrante, devolviéndolo al infierno apenas ha puesto pie a este lado de nuestras fronteras.

Las iglesias se han llenado de ahoga Cristos que fingen comulgar con él.

163

La Virgen y su parto dejan a un Dios pobre entre pobres, revelan a un Dios abandonado entre abandonados, nos asombran con la visión de un Dios emigrante entre emigrantes.

La Virgen y su parto dejan a Dios donde nadie lo hubiese esperado, tal vez donde nadie lo hubiese querido, y donde sólo los pobres lo pueden acoger y reconocer.

La Virgen y su parto son buena noticia para pobres, y sólo para pobres.

Nos quedaremos sin buena noticia –sin evangelio– obispos, curas, frailes y monjas, poderosos y conformistas, que nos servimos de los pobres y del Pobre para mantener la posición, supuestos cristianos que justificamos el horror que los pobres padecen, los hacemos culpables de los males que padecen, y pensamos que, después de todo, la muerte, los pobres se la han buscado, pensamos incluso que han sido tan necios que, para morir, han pagado lo que no tenían.

Todos corremos el riesgo de quedarnos sin navidad, aunque nuestras mesas se llenen de cosas superfluas en las que hemos gastado lo que los pobres necesitan para pan.

"Mirad: la Virgen está encinta y dará a luz un hijo, y le pondrá por nombre Dios-con-nosotros": Dios con los pequeños, Dios con los humildes, Dios con los lisiados, Dios con los que nada tienen, puede que ni siquiera fe en Dios. Dios con los bebés perdidos en el mar; Dios con las mujeres que nunca llegarán a otro puerto que el de la prostitución, el de la trata, el de las esclavas sexuales; Dios con los desahuciados, con los mutilados, con los maltratados, con los asfixiados por el poder económico, por el poder político, por el poder…

Sólo para los pobres hay navidad. Sólo para ellos es este evangelio: *"Mirad: la Virgen está encinta y dará a luz un hijo, y le pondrá por nombre Dios-con-nosotros"*.

¡Sólo para pobres!

UN CANTO
DE ACCIÓN DE GRACIAS
PARA UN CORO DE DESGRACIADOS

El salmo con que oramos hoy es un canto de acción de gracias, palabras de gozo y de fiesta que suben del corazón de un creyente que se ha visto escuchado en su angustia y liberado por Dios: *"Caminaré en presencia del Señor en el país de la vida... Tenía fe, aun cuando dije: ¡«Qué desgraciado soy»!... te ofreceré un sacrificio de alabanza invocando tu nombre"*.

Puedo pensar que este salmo es canto de Abrahán, al que la palabra de Dios libera de la prueba y enriquece de bendiciones y promesas.

Puedo pensar que es canto de Isaac, al que la voz del cielo ha liberado de la muerte.

Puedo pensar que es el canto de un salmista liberado de una muy grave enfermedad.

Puedo pensar que es canto de Cristo resucitado – Cristo transfigurado-, en quien las palabras del salmo adquieren especial significado y toda su plenitud.

Abrahán, Isaac, el salmista, Cristo, nosotros, confesamos que el Señor nos ha hecho caminar en su presencia; y cantamos nuestra acción de gracias, porque, desde la tierra en que nos acechaba la muerte, hemos entrado por gracia en el país de la vida.

No es el nuestro un canto de gente satisfecha. Los satisfechos nada agradecen porque todo lo tienen. El nuestro es canto de gente liberada, que todo lo agradece porque nada tenía y todo lo ha recibido.

El canto es del Resucitado que estuvo crucificado, del salmista que estuvo al borde de la muerte, de Isaac reservado por Dios para la vida, de Abrahán bendecido en su angustia de padre. El canto de agradecimiento es para el tiempo de la gracia. Para el tiempo de la desgracia el creyente tiene sólo el canto de su fe: *"Tenía fe, aun cuando dije: ¡«Qué desgraciado soy»!"*. Hoy canto con Cristo, con el salmista, con Isaac, con Abrahán, canto con todos ellos su canción de agradecimiento, porque también es mía su alegría, es nuestra su dicha, su liberación, su victoria. Su fiesta es nuestra fiesta. Su día del Señor es nuestro día del Señor.

Y ellos –Cristo, el salmista, Isaac, Abrahán- cantan con nosotros la humilde canción de la fe, porque la nuestra es también su fe, como es suya nuestra necesidad, nuestra angustia, nuestra noche.

Ellos las conocen de cerca, no sólo porque las han vivido antes que nosotros, sino también porque las viven ahora con nosotros.

En la celebración eucarística de este domingo tú comulgarás con Cristo y él comulgará contigo: tú con su luz, él con tu noche; tú con su gloria, él con tu debilidad; tú con su canto de agradecimiento, él con la oración de tu fe.

A esta comunión van con nosotros los pobres de la tierra: los abatidos, los desnutridos, hombres y mujeres de pies llagados en los caminos de un éxodo cruel, todo un mundo de gente que no sabes si van hacia la tumba o son fantasmas que por un tiempo se ausentan de ella.

A la comunión dominical llevamos con nosotros a hombres y mujeres sin pan, sin higiene, sin descanso, sin ayer, sin papeles, sin mañana, hombres y mujeres ricos de sufrimientos, de heridas, de fracasos, de abortos, de lágrimas, de VIH.

A la comunión llevamos con nosotros a hombres y mujeres expertos de bancos en las estaciones de autobuses, de miedo en las calles, de soledad en el alma.

Los llevaremos a nuestra comunión porque están siempre con nosotros, y gritaremos por ellos la oración de la fe: *"Tenía fe, aun cuando dije: ¡«Qué desgraciado soy»!"*.

La esperanza es que mañana, por el poder del amor y la fuerza de la gracia, caminemos todos en el país de la vida.

CONTINUAMOS RECHAZANDO A CRISTO ¡Y COMULGANDO!

Apenas se nos ha ido un invierno, y ya contamos por decenas los muertos en las fronteras que nos separan de África.

Al escuchar hoy las palabras del Apóstol, a la fe se le hace imposible establecer separación entre Jesús de Nazaret y esos jóvenes africanos a los que la indiferencia de los satisfechos y la codicia de los poderosos están entregando a la desesperación y a la muerte: "Rechazasteis al santo, al justo… matasteis al autor de la vida"… Rechazamos a los pequeños, a los últimos, a los hambrientos, a los emigrantes en los que el santo, el justo, el autor de la vida nos pidió que lo acudiésemos. Continuamos rechazando a Cristo.

Continuamos ignorando la angustia de los pobres, pisoteando su dignidad, destruyendo su vida; continuamos crucificando en ellos a Cristo Jesús.

Me pregunto si en la comunidad cristiana hay alguien que desconozca ese calvario en el que es atormentada, vejada, humillada, escarnecida, condenada y clavada en la desgracia una multitud innumerable de hombres, mujeres y niños.

Y si conocemos el calvario, me pregunto cómo podemos verlo y callar, verlo y pasar de largo, verlo y continuar con nuestras rutinas, verlo como si nada hubiésemos visto, verlo y no gritar de dolor y de rabia, verlo y comulgar.

Quiere ello decir que en ese calvario no hemos visto a otro, no hemos visto a alguien: ¡y es que parece que allí no hubiésemos visto a nadie!

No hemos caído en la cuenta de que es nuestro calvario, de que allí nos están crucificando a nosotros, que aquella carne herida es nuestra propia carne, que allí se desangra nuestro propio yo.

No hemos caído en la cuenta de que en ese calvario de nuestros días continúa crucificado Cristo Jesús a quien se supone que amamos, en quien decimos que creemos, por quien se diría que estamos dispuestos a dar la vida.

¡Todavía no hemos caído en la cuenta!

De esa ignorancia, el Apóstol parece hacer una ocasión de disculpa, de excusa, de escapatoria para nuestro crimen; pero bueno será, yo diría que es del todo necesario, que nos hagamos cargo de nuestra responsabilidad por cada cruz que se levanta en el calvario de los pobres; bueno será, del todo necesario, el arrepentimiento y la conversión, para que se borren nuestros pecados, para que la indiferencia deje paso a la responsabilidad, al compromiso, a la solidaridad.

Es hora de que veamos a Cristo y nos veamos a nosotros mismos en la agonía de los pobres.

Es hora de que empecemos a confesar que crucificamos a Cristo –nunca lo he confesado y nunca lo he oído en confesión-.

Es hora de que empecemos a confesar que ahogamos a Cristo en el Mediterráneo, en el Estrecho de Gibraltar, en el Atlántico; que martirizamos a Cristo en la vida de los pobres, que lo esclavizamos, lo prostituimos, lo vendemos, lo llevamos a empujones a la muerte.

Es hora de que, comulgando con Cristo y con los pobres, hagamos nuestro el grito humano y creyente de los hijos de Dios, del Hijo de Dios: "Escúchame cuando te invoco, Dios, defensor mío".

Sólo si se cura la ceguera de nuestra fe, podremos reconocer en los pobres a Jesucristo el Justo, que intercede por nosotros ante el Padre.

Sólo si reconocemos en los pobres a Cristo, en los pobres Cristo nos dará su paz, en los pobres nos llenará de alegría, en los pobres se quedará con nosotros, en los pobres se nos hará compañero de camino, en los pobres se sentará a la mesa con nosotros.

Feliz comunión con Cristo resucitado. Feliz encuentro con Cristo en la Eucaristía y en los pobres.

UNA IGLESIA BUEN PASTOR PARA LOS POBRES

Los fallecidos vuelven a ser más de cuarenta: hombres, mujeres y niños.

Esta vez el sepulcro es el mar entre Túnez e Italia.

Y el verdugo, el que hundió en el mar la pequeña embarcación llena de humanidad herida, no fueron, como la fuente de información insinúa, las **malas condiciones**, el **sobrepeso** y las **condiciones climáticas** adversas, con lluvia, fuertes vientos y gran oleaje; el verdugo está desde siempre en tierra firme, a un lado y otro de esa línea que separa África de Europa, una frontera por la que sin dificultad pasan a Europa las riquezas de África, y por la que no pueden pasar los pobres de África.

Transcribo palabras que oiremos proclamadas el próximo domingo en todas las iglesias de Europa: "Dad gracias al Señor, porque es bueno, porque es eterna su misericordia... te doy gracias porque me escuchaste y fuiste mi salvación". "Mirad qué amor nos ha tenido el Padre para llamarnos hijos de Dios, pues ¡lo somos!" "Yo soy el buen pastor. El buen pastor da la vida por las ovejas... yo doy mi vida por las ovejas".

Suenan bien, suenan normales, suena consoladoras, suena luminosas... Pero escúchalas ahora, Iglesia madre de pobres, escúchalas proclamadas en esa barcaza que se hunde.. Y esa palabra, que es normal en nuestros ambones, allí, entre hombres, mujeres y niños que mueren aterrorizados, suena a burla, a sarcasmo...

Con nuestras opciones políticas, con nuestras opciones ideológicas, los que nos decimos creyentes hacemos mentiroso a Dios.

Para nuestra fe adormecida, reducida, deformada, es como si Dios no tuviese hijos en África, como si los pobres no fuesen hijos de Dios.

No caemos en la cuenta de que, si Dios no tiene *esos hijos*, no tiene ninguno.

Pero el hecho es que los tiene, y que precisamente *ésos*, porque son últimos, son para él los primeros, porque son los más necesitados, son para él los más llorados, los más añorados, los más esperados.

Y eso que son para Dios, eso que son para el buen pastor que por ellos da la vida, eso han de ser para nosotros porque son nuestros hermanos.

Los pobres necesitan que su grito de dolor resuene ampliado en nuestras iglesias, en nuestras instituciones, en nuestra conciencia cristiana.

Los pobres necesitan que la Iglesia, la comunidad de los fieles y cada uno de ellos, ungida por el Espíritu Santo, sea esperanza para ellos, sea salvación para ellos, sea evangelio para ellos.

Los pobres necesitan que en sus caminos la Iglesia sea una presencia real del buen pastor, Cristo Jesús.

Y nosotros necesitamos sacarnos de encima el peso del escándalo de estar haciendo mentiroso a Dios pues negamos su bondad si los pobres no la reconocen en nosotros; negamos su misericordia si los pobres no la encuentran en nosotros; negamos su amor acogedor si nosotros no los acogemos; y lo hacemos sordo a las necesidades de los últimos si nosotros no los escuchamos.

Si no amamos a los pobres, negamos a Dios.

Feliz comunión con Cristo Buen Pastor.

Feliz domingo, Iglesia cuerpo de Cristo Buen Pastor.

VER A CRISTO EN LOS "MOJADOS"

Cristo *ha de crecer* en nosotros, y nosotros hemos de *menguar.* A él *se le ha de encontrar* en nuestra vida mientras nosotros *la perdemos,* hasta que se haga verdad en nosotros lo que el Apóstol dejó dicho de sí mismo: *"Estoy crucificado con Cristo; vivo, pero no soy yo el que vive, es Cristo quien vive en mí".*

Ese proceso de transformación, de *"pérdida de nosotros mismos",* para que lleguemos a ser *en* Cristo Jesús, para que lleguemos a ser *de* Cristo Jesús, es fruto de la acción del Espíritu Santo en nosotros.

Sin el Espíritu de Dios no hay confesión de fe ni comunión de vida: *"Nadie que hable por el Espíritu de Dios dice: «¡Anatema sea Jesús!»; y nadie puede decir: «¡Jesús es Señor!», si no es bajo la acción del Espíritu Santo"* (1 Cor 12, 3). *Todos nosotros... hemos sido bautizados en un mismo Espíritu, para formar un solo cuerpo. Y todos hemos bebido de un solo Espíritu"* (1 Cor 12, 13).

La oración litúrgica no deja de recordarnos que en la Eucaristía es el Padre quien, con la efusión de su Espíritu, santifica los dones presentados, para que se conviertan en el Cuerpo y la Sangre de Jesucristo, nuestro Señor: Sin el Espíritu Santo, no hay Eucaristía.

Y esa misma oración litúrgica establece una relación semejante entre el Espíritu Santo y el Cuerpo eclesial del Señor: *"Te pedimos humildemente que el Espíritu Santo congregue en la unidad a cuantos participamos del Cuerpo y Sangre de Cristo".* *"Dirige tu mirada sobre la ofrenda de tu Iglesia, y reconoce en ella la Víctima por cuya inmolación quisiste devolvernos tu amistad, para que, fortalecidos con el Cuerpo y la Sangre de tu Hijo y llenos de su Espíritu Santo, formemos en Cristo un solo cuerpo y un solo espíritu":* No hay Iglesia sin la acción del Espíritu Santo.

175

Hoy, queridos, a las palabras de la fe han de subir esos miles de personas que desde Marruecos han entrado en las ciudades autónomas de Ceuta y Melilla.

Lo que ha revolucionado los informativos, no son los emigrantes sino el pulso evidente entre dos Estados soberanos.

Sin ese pulso, sin la colaboración de ese espíritu perverso que es el espíritu del poder, a los emigrantes nadie los vería. ¡Nadie los vería!, pero estarían allí, en algún lugar, exactamente los mismos, hombres, mujeres y niños con su mundo de problemas, de sufrimientos, de esperanzas, de frustraciones, de privaciones; estarían allí, tan reales como su propia carne. ¡Estarían allí!, sólo que lejos de nuestras miradas.

Sólo pido que nos fijemos en ellos, y que jamás se aparten ya de nuestra mirada, de nuestra mente, de nuestra conciencia.

Y al Padre del cielo pido que nos dé su Espíritu Santo, el que hace de carne a la Palabra, el que hace de Cristo a la Iglesia, el que hace la Eucaristía de la Iglesia, para que nos deje ver a Cristo en los "mojados" de Ceuta, en los utilizados, en los traídos y llevados por los intereses del poder, como si de propiedades suyas se tratase. Sin el Espíritu Santo jamás veremos en los pobres a hijos de Dios.

"Ven, Espíritu Santo, llena los corazones de tus fieles y enciende en ellos la llama de tu amor".

CON CRISTO
EN LOS CAMINOS DE LOS POBRES

Si la palabra de la verdad fuese un credo de ideas sobre Dios, lo normal sería que esas ideas las propusiéramos en primer lugar a los poderosos, a los sabios, a los entendidos, a los expertos. Les encantaría disertar sobre ellas.

Pero al ser esa palabra un evangelio, al tratarse del mensaje de la cruz, sólo la podremos anunciar a los pequeños, a los débiles, a lo necio del mundo, a los oprimidos, a los náufragos de todas las fronteras, a los emigrantes de todos los caminos, a los pobres, a gentes que, desde su indigencia, abracen lo que el rico despreciaría desde su suficiencia.

La misión de curar corazones quebrantados no es aventura de díscolos ni opción de partido político, sino obediencia de creyentes, hombres y mujeres que han sido ungidos por el Espíritu de Dios.

Es él quien nos ha enviado.

Es él quien ha puesto en los caminos de los pobres a Cristo Jesús, y pone en el mismo camino al cuerpo de Cristo que es la Iglesia.

Así había visto el profeta a Jesús: proclamando a los cautivos la libertad y a los ciegos la vista, poniendo en libertad a los oprimidos y proclamando para los pecadores un jubileo que nunca tendrá fin.

Así vieron a Jesús los testigos de su palabra y de sus obras: proclamando el evangelio de Dios, la llegada del reino de Dios, y pidiendo, para entrar en él, la conversión y la fe.

Jesús se acerca a los enfermos, los toma de la mano, se queda con su fiebre, los contagia de su resurrección.

Cristo Jesús, la palabra de la verdad, ha venido a sanar corazones quebrantados, a vendar heridas, a expulsar demonios.

La palabra de la verdad no busca adoctrinar sino liberar, no se ocupa de ideas que el hombre pueda tener sobre Dios sino de la salvación que Dios ofrece a quien la necesita. La palabra de la verdad es el evangelio de la salvación. ¡Ay de mí si no lo anuncio!

El camino de los discípulos de Jesús es el de ese hombre cuyos días se consumen sin esperanza, el de los que mueren antes aun de saber por experiencia que la vida es un soplo, el de los que son predilectos de Dios porque son pobres.

Hoy comulgas con tu Señor. En esa comunión él te toma de la mano, se queda con tu muerte, te levanta con su resurrección.

Y tú, Iglesia cuerpo de Cristo, ungida con su mismo Espíritu, eres enviada como Jesús a sanar, liberar y perdonar

¡Si dejases de ir con Cristo, dejarías de ser de Cristo!

Feliz domingo.

A TODOS LOS QUE ENCONTRÉIS, CONVIDADLOS A LA BODA

"Aquel día" Dios preparará para todos los pueblos un festín, manjares suculentos, enjundiosos, vinos de solera, generosos. "Aquel día" Dios aniquilará la muerte para siempre. "Aquel día" Dios enjugará las lágrimas de todos los rostros.

"Aquel día": dos palabras en las que se encierra la esperanza del mundo.

Ahora, tú que has oído la palabra del profeta y has creído, dime si la has visto cumplida.

Tenemos un compañero de camino inseparable de nuestra vida, y es la muerte. Tenemos una compañera que conoce como nadie los secretos de nuestro rostro, y esa compañera son las lágrimas. Y más allá de esas muertes y esas lágrimas que nos siguen con la regularidad de los amaneceres, conocemos otras que son hijas de la violencia, de la crueldad, de la indiferencia, de la injusticia, de la avaricia, del odio…

Vivimos en un mundo en el que, pese a nauseabundos silencios informativos, la muerte y las lágrimas se nos cuelan por las ventanas del alma, y vemos pateras a la deriva con hombres, mujeres y niños muertos de hambre de sed; vemos a hombres, mujeres y niños enterrados vivos en las aguas de nuestros mares; vemos a hombres, mujeres y niños hacinados en campos de confinamiento que hubieran sido considerados inadecuados para los animales de una granja.

Entonces me pregunto por "aquel día", por la esperanza del profeta encerrada en "aquel día", también por la confesión del salmista, que hice mía en la oración de la comunidad: "El Señor es mi pastor, nada me falta".

La de hoy es una de esas celebraciones en que la palabra de Dios reclama ser leída, no desde la quietud de los ambones, sino desde el horror de las pateras: "El Señor me conduce hacia fuentes tranquilas y repara mis fuerzas... Preparas una mesa ante mí... Tu bondad y tu misericordia me acompañan todos los días de mi vida".

En realidad, si queremos entrar en el misterio de la palabra de Dios, tendremos que proclamarla siempre desde la cruz de Cristo Jesús: "Aunque camine por cañadas oscuras, nada temo, porque tú vas conmigo: tu vara y tu cayado me sosiegan".

Esa cruz es la única cátedra desde la que se puede iluminar el sentido de la palabra de Dios; y Cristo Jesús, el Crucificado-Resucitado, es el único Maestro que te puede introducir en el misterio de esa palabra.

Es Cristo Jesús quien lo dice: "Me unges la cabeza con perfume y mi copa rebosa... Habitaré en la casa del Señor por años sin término". Y es él quien lo interpreta. Y no lo hace hablándonos de Dios, sino mostrándosenos, y dejando así que veamos lo que hemos de creer, que veamos lo que necesitamos aprender.

En Cristo Jesús vemos que la palabra del profeta y la palabra del salmista y todas las palabras de la revelación han llegado a cumplimiento.

Ahora, Iglesia de Cristo Jesús, si ves cumplida en Cristo la palabra que escuchaste, si en él se declaran cumplidas todas las palabras, tu fe te dice que también se han cumplido para ti que eres su cuerpo; más aún, que están cumplidas para todos los pueblos, pues de todos quiso ser esa Palabra divina que por todos se hizo debilidad, vulnerabilidad, fragilidad, mortalidad; tu fe te dice que Cristo Jesús es el banquete de bodas que Dios ha preparado: Él es el banquete de la vida, de la alegría y de la abundancia para todos los pueblos, un banquete del que sólo quedan excluidos los que a sí mismos se excluyen "porque tienen otras cosas en que ocuparse".

Dios ha preparado para todos el banquete de bodas de su Hijo. Con arrogancia y desprecio, se negarán a entrar "los que mucho tienen". Sorprendidos y agradecidos, entrarán los que nada tienen, ya sabes, los expertos en agonías y lágrimas.

Entra, escucha, contempla, comulga y vive.

LA PROFECÍA SE HACE EVANGELIO

"Cielos, destilad el rocío; nubes, derramad al Justo; ábrase la tierra y brote al Salvador". Así empieza la liturgia eucarística de este domingo. Son palabras que no puedo imaginar sin unos labios que las pronuncien, sin un corazón que las llene de sentido, sin un alma que les dé el aliento, la fuerza, la violencia del mandato y del grito. Son palabras que puedo adivinar en labios quemados por la soledad y la aridez del desierto; palabras para corazones quebrantados en días sin trabajo, sin pan, sin salida. Son palabras para el silencio de los hambrientos, para el horror de los naufragios, para la precariedad de la vida. Son palabras que se adhieren a la carne de los pobres, y aunque ellos nunca lleguen a pronunciarlas, son su oración más verdadera, pues es su dolor quien las pronuncia, y es Dios quien en ese mismo dolor las escucha.

"Cielos, destilad el rocío; nubes, derramad al Justo; ábrase la tierra y brote al Salvador". Las palabras del profeta, fuesen oración de los pobres o revelación del proyecto de Dios para ellos, se vuelven evangelio, son buena noticia de gracia para todos, si las vemos cumpliéndose en el misterio de la visitación de María de Nazaret a su prima Isabel: *"En cuanto Isabel oyó el saludo de María, saltó la criatura en su vientre... En cuanto tu saludo llegó a mis oídos, la criatura saltó de alegría en mi vientre"*. Llega una virgen, la recibe una estéril. Con la virgen llega, como hijo en su seno, el rocío del cielo, la justicia de lo alto, la salvación de Dios. En el seno de la estéril salta de alegría el hijo que percibe presente el refrigerio del rocío, el consuelo de la justicia, la luz de la salvación.

"Cielos, destilad el rocío; nubes, derramad al Justo; ábrase la tierra y brote al Salvador". Las palabras del profeta se vuelven

hoy evangelio para la comunidad que celebra la eucaristía. Hoy entra en nuestra casa el rocío del cielo. Hoy se abre la tierra, nuestra humilde tierra, y brota en ella el Salvador. Hoy, en el seno de la Iglesia, saltan de alegría sus hijos, pues Cristo el Señor entra en nuestra casa, y con él nos visita la justicia que viene de Dios.

La alegría con que recibimos a Cristo que viene en la eucaristía a salvarnos, ésa ha de ser la alegría con que recibamos a Cristo que viene en los pobres a que lo acudamos.

Feliz domingo. Ven Señor Jesús.

PODEMOS LUCHAR CON LA MUERTE... Y VENCERLA

(Sobre las palabras de este comentario que hoy recibes han pasado nueve años. No voy a cambiar una sola letra de lo que entonces escribí. Observarás, puede que con sorpresa, que se mencionan en él muchas de las formas que en este tiempo la muerte asume para acercarse a los pobres, pero que no se habla allí de emigrantes, ausencia de mención que, nueve años después, resultaría reveladora de ignorancia si no de complicidad con quienes hacen que una y otra vez se desplome sobre los emigrantes el muro de la muerte)

El evangelio de este domingo menciona a unos galileos *"cuya sangre vertió Pilato con la de los sacrificios que ofrecían"*. Jesús, por su cuenta, hace referencia a *"aquellos dieciocho que murieron aplastados por la torre Siloé"*. Nosotros hoy nos acercaríamos al Maestro para decirle lo de Haití y lo de Chile; le hablaríamos de inundaciones y tsunamis, de muertos en las carreteras de la modernidad y en los caminos de las drogas; le contaríamos haber oído sin poder creerlo que hay Continentes del hambre, con millones de personas que mueren sin nada que comer y nada que reivindicar con la propia muerte; le pediríamos una palabra sobre los millones de muertes, contabilizadas unas, previstas otras, legalizadas todas al amparo de Leyes de Salud Sexual y Reproductiva.

Jesús no es un ateo en busca de una razón en la que apoyar su negación de Dios. Tampoco es un activista de partido que aprovecha la ocasión que los acontecimientos le ofrecen para denunciar acciones u omisiones de quien gobierna. Jesús es un creyente, y se dirige a quienes lo han interpelado, porque ellos, sus oyentes, que pudieran parecer meros espectadores de un drama vivido por otros, son en realidad actores en el mismo escenario y pueden correr la misma suerte que aquellos de quienes han hablado.

Las palabras de Jesús son para ti y para mí: *"¿Pensáis que esos galileos eran más pecadores que los demás galileos, porque acabaron así? Os digo que no; y si no os convertís, todos pereceréis lo mismo"*. La palabra clave en la respuesta de Jesús es: **convertirse**. La muerte improvisa y violenta interpela siempre la conciencia y cuestiona las certezas. La muerte, aunque no quieras, te deja un elenco de preguntas en el buzón del alma. Las respuestas posibles son muchas. A mí me interesa la que dio Jesús: **convertirse**. Me interesa sencillamente porque tiene que ver conmigo, con mi vida, con mis opciones, con lo más hondo de mí mismo.

He dicho *"conmigo"*; tendría que decir *"con nosotros"*, con quienes hoy celebramos la eucaristía y escuchamos la palabra del Señor y hacemos comunión con él.

Hemos comenzado la celebración, diciendo: *"Tengo los ojos puestos en el Señor, porque él saca mis pies de la red"*. Que es como comenzar *"convertidos"* a Dios, vueltos hacia él, lleno de fe el corazón, y la mirada buscando, convertida, al que es nuestro libertador.

Luego oramos, confesando: *"El Señor es compasivo y misericordioso"*. Y la oración de la comunidad se hizo bendición al Señor, memoria de sus beneficios, de su perdón, de su bondad. Oramos con palabras de un salmista que no conoció a Jesús; oramos, llenando las palabras de su salmo con la memoria del amor que Dios nos ha revelado en las obras de Jesús; oramos convertidos a Cristo Jesús y a nuestro Dios.

Luego comulgaremos, y, como Jesús y como el Padre, nos convertiremos a todos los que necesitan piedad y amor: a las víctimas de terremotos y saqueos, de inundaciones y tsunamis, de violencias y ambiciones, de egoísmos y vanidades.

En nuestras manos está salvar de la muerte, y todos tenemos experiencia de este poder maravilloso que se nos ha dado: podemos arrebatar víctimas al aborto, al hambre, a las drogas, al SIDA, a la esclavitud sexual, a todas las formas institucionalizadas que la muerte ha ido asumiendo en la historia de la humanidad. ¡Podemos!

Bienvenidos al mundo de Jesús. Feliz domingo.

SUMERGIR EL MUNDO EN UN AMOR QUE LO RECREE

Si en este domingo de Cuaresma alguien me preguntase por la Pascua, por el significado que tiene para mí esta celebración, le diría: Es que Dios pasa haciendo nuevas todas las cosas, y no puedo faltar a la cita con él, pues llevo conmigo un mundo entero que renovar: Guerras en las que mueren hombres, mujeres y niños que no las hacen. Leyes de las que son víctimas hombres, mujeres y niños que no las votan. Decisiones que destruyen la vida de hombres, mujeres y niños que no las han tomado. Egoísmos, envidias, ambiciones, que arrojan al margen de la vida a millones de hombres, mujeres y niños que nacieron con la misma dignidad, la misma grandeza, los mismos derechos y los mismos deberes de quienes son sus verdugos.

Necesitamos sumergir el mundo en un agua que lo purifique, en un espíritu que lo regenere, en un amor que lo recree.

Y en tus manos, Iglesia cuerpo de Cristo, se lo llevas al Creador, al Señor que pasa haciendo nuevas todas las cosas.

Hoy, Iglesia en camino hacia la nueva creación, oirás proclamada la promesa: "Haré una alianza nueva… Meteré mi ley en su pecho, la escribiré en sus corazones".

Cuando la profecía se cumpla, cuando para saber de Dios, tus hijos escuchen los latidos del corazón y, abriendo esa página interior, en ella, como en una tabla de amar, lean la ley de su Dios, entonces, amada, será tu Pascua.

Ahora, mientras caminas, vas repitiendo tu súplica: "Oh Dios, crea en mí un corazón puro". Mientras te haces cargo de la violencia del mundo, vas gritando tu desvalimiento: "Misericordia, Dios mío, por tu bondad, por tu inmensa compasión". Mientras te haces solidaria con el dolor de las víctimas, vas diciendo humildemente: "Devuélveme la alegría de tu salvación".

¡Toda tú, Iglesia cuerpo de Cristo, eres hoy un clamor de Pascua!

Y lo eres junto con Cristo, tu Señor.

Unida a él por la fe en su palabra, por la comunión de su cuerpo, con él vas diciendo: "Ha llegado la hora"; es tiempo "de que sea glorificado el Hijo del hombre", de que sea recreado el mundo, de hacer nuevas todas las cosas. Ésta es la hora del grano de trigo que cae en tierra y muere y da mucho fruto. Ésta es la hora de los seguidores de Cristo Jesús, que bajan con él hasta la muerte, para ser con él resucitados, renovados, recreados. Ésta es la hora de los hijos de Dios que, sufriendo, aprenden a obedecer.

Si en comunión con Cristo Jesús sus discípulos aprendemos a obedecer, a dar la vida, a amar, si con Cristo Jesús somos "elevados sobre la tierra", con él estaremos purificando el mundo, regenerándolo, recreándolo, llevándolo hasta la luz gozosa de la Pascua.

Feliz domingo

PERDERLO TODO POR AMOR

Señor, ayúdame a perder la fe en mi fe, por si aún es tiempo de que empiece a creer en ti.

Enséñame a ir contigo, a seguirte, a escucharte, incluso si me pides que desate y te lleve el borrico que necesitas.

Si creo en ti, abandonaré mi camino por el tuyo, que eres el Camino y la Verdad y la Vida, y contigo iré donde tú quieras, donde tú vayas.

Si creo en ti, tu destino se volverá mi destino, ya se llame cruz ya se llame cielo, ya lo llames abajamiento ya lo llames gloria, ya se llame muerte ya se llame vida.

Si creo en ti, entraré en tu mundo, en tu evangelio, en tu humanidad, en tu pasión por el reino de Dios que llega para los pobres, que va donde tú vas, que se acerca a quienes tú te acercas.

Si creo en ti, en todo tiempo y lugar pediré, a silencios, a susurros, a voces, a gritos, el Espíritu que me transforme en ti, el amor que me haga uno contigo, hasta que me pierda en ti, hasta que tú, más que yo mismo, vivas en mí.

La fe en mi fe me ha llevado a suplantar sin escrúpulo el culto a Dios por el culto al dinero; a conjugar sin remordimiento la veneración de Cristo en la Eucaristía y su desprecio en los pobres; a guardar en el corazón odios en lugar de amor, ofensas en lugar de perdón, venganza en lugar de misericordia; a sacrificar en el altar de mis ambiciones –de grandeza, de dominio, de poder, de riqueza- la paz que tú nos has ofrecido haciéndote pequeño con nosotros, pobre por nosotros.

La fe en mi fe ha transformado tu evangelio en ideología desencarnada, y a ti, Jesús, Dios de carne y hueso, Dios y hombre verdadero, Dios discapacitado, Dios disminuido, Dios mendigo, Dios emigrante, Dios maltratado,

Dios crucificado, te ha reducido a doctrina inocua, a imagen de madera, a rito que puedo cumplir sin complicarme la vida.

Y mientras la fe en mi fe va diciendo que lo mío es mío y que todo lo necesito para mí, tú, Señor, a lomos de un borrico prestado, te dispones a darlo todo, a perderlo todo, a renunciar a todo porque los sedientos encuentren el agua, los hambrientos el pan, los ciegos la luz, los muertos la resurrección y la vida que necesitan y que eres tú.

Hoy, mientras mi fe, orgullosa, satisfecha y descreída, va diciendo que los pobres se queden donde están, que no apesten la sala de nuestro banquete, que no den el espectáculo de morir en nuestras calles, a la puerta de nuestras casas, tú, en la eucaristía, nos muestras tu cuerpo repartido, tu sangre derramada, todo tú perdido en el abismo de mi necesidad: ¡Todo tú entregado porque nos amas!

El mundo te necesita, Jesús; la humanidad te necesita; los pobres te necesitamos: Ayúdame a perder la fe en mi fe. ¡Enséñame a creer en ti!

HUMANIZAR A LOS VIVOS

(Domingo del Buen Pastor)

Días después de que la patera naufragase, el mar devolvió tres cadáveres.

Reconocerlos, llorarlos, enterrarlos, son verbos de humanidad, de clemencia y misericordia, verbos que, por ser de amor, son de Dios.

Recordar esos muertos, hasta que la memoria nos haga daño, es verbo de justicia y, por serlo, también éste es verbo de Dios.

Los tres serán enterrados lejos de su tierra, de su pueblo, de los suyos. No podemos permitir que se les entierre también lejos de nuestra memoria, de nuestra conciencia, de nuestro corazón, de nuestra denuncia, de nuestra ira.

Si una sociedad concede más valor a la economía que a las personas, si se preocupa más de rescatar bancos que de rescatar náufragos, si pone las leyes del mercado por encima de las leyes del mar, esa sociedad habrá dejado de respetarse a sí misma, se habrá vendido a la indiferencia con que ella misma será enterrada, se habrá subido ya a la patera en la que ella misma habrá de naufragar.

"Sin que hablen, sin que pronuncien, sin que resuene su voz", estos muertos aún pueden desde su silencio humanizar a los vivos.

DESDE LA FE

"Ninguno de nosotros vive para sí mismo y ninguno muere para sí mismo. Si vivimos, vivimos para el Señor; si morimos, morimos para el Señor; en la vida y en la muerte somos del Señor. Para esto murió y resucitó Cristo: para ser Señor de vivos y muertos".

"Ha resucitado el Buen Pastor que dio su vida por sus ovejas y se dignó morir por su grey".

Por el misterio de la encarnación, el Señor se hizo solidario con nosotros, subió a nuestra patera y, naufragando con nosotros en las sombras de la muerte, nos ha rescatado para que vivamos con él en la luz de su resurrección.

Sin solidaridad con los náufragos no hay comunión con Cristo.

ES LA HORA DEL NO PODER, DE LA NO VIOLENCIA, DEL MARTIRIO:

Esto es lo que celebramos en el día de Pentecostés: la venida del Espíritu Santo sobre la Iglesia apostólica, y nuestra propia unción por el Espíritu de Cristo Jesús. ¡Somos una comunidad de bautizados por Jesús de Nazaret con Espíritu Santo! Después de haber escuchado la palabra de la verdad, después de haber acogido el evangelio de nuestra salvación, también nosotros, en Cristo, hemos sido marcados con el sello del Espíritu Santo: "Cristo nos ungió, nos selló y ha puesto su Espíritu como prenda en nuestros corazones".

Al creyente no lo hace 'de Cristo' el credo que profesa, ni los ritos que celebra, ni el código moral por el que se rige; tampoco lo identifica como 'de Cristo' la profesión que ejerce o el estado social al que pertenece.

A ti te identifica como 'de Cristo' el Espíritu que vino sobre él y que él te ha comunicado, el Espíritu que lo ha movido a él y que te mueve a ti, el Espíritu que te da ese aire con Cristo que todos pueden notar, el Espíritu que hace de ti una imagen viva de Cristo Jesús.

A ti te identifica como 'de Cristo' el Espíritu que habita en ti y que has recibido de Dios. A ti te identifica como 'de Cristo' el amor de Dios que ha sido derramado en tu corazón por el Espíritu que habita en ti.

"Si alguien no posee el Espíritu de Cristo, no es de Cristo".

Andad pues según el Espíritu que habéis recibido.

Su fruto es: amor, alegría, paz, comprensión, paciencia, bondad, lealtad, amabilidad, dominio de sí.

Tú, Iglesia cuerpo de Cristo, estás llamada a ser comunidad de los que aman como Cristo ama: comunidad de hombres y mujeres humildes al modo de Cristo, hombres y mujeres que son hermanos todos de todos y se hacen siervos todos de todos al modo de Cristo, hombres y mujeres que se hacen últimos entre todos siguiendo de cerca cada uno de ellos los pasos de Cristo.

Tú, Iglesia animada por el Espíritu de Cristo, estás llamada a ser comunidad que desborda de alegría por la gracia con que Dios te ha visitado, por la vida de Dios que has visto manifestada en Cristo y que esperas recibir, por el amor de Dios que permanece en ti, por la esperanza cierta de que, en Cristo, Dios mismo es la meta de tu camino.

Vuelve los ojos a Cristo Jesús, déjate llevar por su Espíritu a los caminos de los pobres, al desierto donde se mueven los hambrientos de justicia, los sedientos de Dios.

Ésta es la hora de los operadores de paz, de los testigos del reino de Dios. Es la hora del no poder, de la no violencia, del martirio... del Espíritu de Jesús en nuestras vidas.

Los idólatras continuarán invocando a sus dioses para alcanzar grandeza, para justificar agresiones, para bendecir crímenes. Los idólatras continuarán prostituyendo las palabras, y hablarán de paz mientras hacen la guerra, mostrarán alegría mientras humillan a los indefensos, declararán de fiesta el día en que roban al pobre y matan al justo. Los idólatras prostituirán la bondad, la de Dios y la del hombre, y se constituirán a sí mismos en medida del bien y del mal.

Apártate de ellos, Iglesia de Cristo.

Pon tus pies en la huella del cordero llevado al matadero, sigue los pasos del cordero mudo, camina tras el cordero que quita el pecado del mundo.

Apártate de la idolatría del poder, de la seducción de la riqueza, de la crueldad de la arrogancia.

Apártate y ama, apártate y alégrate con tu Dios, apártate y habita en la paz que has recibido de Cristo Jesús. Que donde tú estés, el mundo se sienta bendecido.

Que donde estés, el mundo experimente tu amor, vea tu alegría, goce de tu paz, conozca tu bondad, admire tu paciencia, dé fe de tu lealtad.

Que donde tú estés, vaya Cristo contigo, sople sobre el mundo el Espíritu de Jesús, sientan los pobres sobre sus vidas la dulzura de Dios.

Que donde tú estés, todos reconozcan cercano el reino de Dios.

Feliz día de Pentecostés.

UNGIDOS PARA SALVAR

Vendrá de Dios, como la palabra viene de quien la pronuncia. Vendrá de Dios, ungido por el Espíritu y enviado por él. Vendrá de Dios, y vendrá para ti que lo necesitas. Vendrá para los pobres, entiende cautivos, ciegos, oprimidos, esclavizados. Así lo proclamaba la palabra profética.

Aquel día en la sinagoga de Nazaret, la palabra proclamada dejó de ser una promesa de salvación, y comenzó a ser un evangelio, buena noticia de que la salvación prometida para el futuro era ya salvación cumplida en el presente: *"Hoy se cumple esta Escritura que acabáis de oír"*.

La buena noticia se llamaba Jesús, y era para los pobres.

El evangelio no es una complicada doctrina, sino una persona que viene a salvar a los oprimidos por el mal. El evangelio no es una fuente de valores morales para mantener alta la producción industrial, sino revelación del misterio de la unción divina sobre el hombre Jesús de Nazaret, para que este hombre proclame el año de gracia del Señor. En realidad, él, Jesús, es el verdadero año de gracia que ya nunca se acabará para el hombre que quiera recibirla.

Hoy es un día santo para ti, Iglesia rescatada del Señor, pues para ti ha sido ungido Aquel que viene a ser tu luz y tu libertador.

La Escritura, toda la Escritura, recibe en Jesús de Nazaret su interpretación verdadera, real, última, pues en él se cumplen las promesas que la Escritura encierra, y tú, comunidad de los que han entrado por la fe en el año de gracia del Señor, has visto y conocido al que velaban las palabras de la profecía. Es más, hoy te encuentras con él, lo escuchas, comulgas con él. Hoy te encuentras con tu luz y con tu libertad, con el que es para ti el evangelio de la gracia. No quiero que olvides, sin embargo, otra dimensión del misterio que celebras. Hoy eres ungida tú también, y enviada, como Jesús, como el siervo del Señor, para llevar la buena noticia a los pobres. Hoy eres ungida para liberar, para iluminar, para salvar. Hoy eres enviada a la frontera sur de la riqueza, en la que se levantan barreras para que los explotados no perturben la tranquilidad de los explotadores. Hoy te esperan los desesperados de todas las latitudes del sufrimiento. Seguramente los encontrarás con la mano tendida a las puertas mismas de tu celebración dominical. Hoy se cumplen en el cuerpo de Cristo, que eres tú, las palabras de la profecía: *"El Espíritu del Señor está sobre mí, porque él me ha ungido. Me ha enviado para dar la Buena Noticia a los pobres"*.

Feliz domingo.

"SATANÁS ESTÁ PERDIDO"

Puede que no lo digamos a nadie, que no nos atrevamos a decirlo siquiera a nosotros mismos, pero en lo hondo de nuestra conciencia asoma una y otra vez la pregunta sobre Jesús: ¿Quién eres? ¿De quién eres? ¿Eres un iluso? ¿Estás en tus cabales? ¿Eres un poseído por el espíritu del mal? Los pobres necesitamos que Jesús sea Jesús, Dios salvador, la descendencia que hiere a la serpiente en la cabeza. El mal se nos ha hecho tan cercano como el hambre, la desnudez, la soledad y la muerte de los pobres, tan de casa como la frivolidad, la indiferencia, la arrogancia, la prepotencia, la violencia de los poderosos.

Hoy, con los pobres y con Jesús, hacemos nuestras las palabras del Salmista: "Desde lo hondo a ti grito Señor... Espero en el Señor, espero en su palabra... mi alma aguarda al Señor más que el centinela la aurora". Hoy, en los pobres y en Jesús, el linaje de la mujer se enfrenta al linaje de la mentira, de la injusticia, de la violencia, de la opresión y de la muerte.

Los pobres necesitamos esperanza. Necesitamos, Jesús, creer tu palabra: "Satanás está perdido"; "ahora el Príncipe de este mundo va a ser echado fuera. Y cuando yo sea elevado sobre la tierra atraeré a todos hacia mí".

Ya sé quién eres: Eres el anti mal, eres la descendencia que hiere en la cabeza a la serpiente antigua que desde siempre parecía dominar el destino del hombre.

En tu lucha contra la enfermedad, la marginación, el espíritu inmundo, la muerte, Dios se revela como Dios de los pobres, Dios levantado en alto entre los pobres.

Llévame, Señor, a la comunión contigo: Llévame contigo a cumplir la voluntad del Padre; llévame pobre por el camino de los pobres, levantado contigo entre los pobres, ungido por tu Espíritu para evangelizar a los pobres, enviado contigo a realizar en el mundo el reino de Dios y hacer retroceder el reino del mal.

Oigo el grito de victoria de los pobres: ¡Boza! ¡Boza! ¡Boza!

"Creemos y por eso hablamos"; creemos y por eso luchamos; creemos y también nosotros decimos con Jesús: «Satanás está perdido».

¡BOZA! ¡BOZA! ¡BOZA!

Celebrábamos hace unos días la fiesta de San Lorenzo, diácono –entiéndase: servidor- y mártir –entiéndase: testigo de Cristo y del evangelio de nuestro Señor Jesucristo-.

Al diácono, la autoridad constituida le pidió que entregase sin demora los tesoros de la Iglesia, que a la Iglesia no le correspondían y a la autoridad sí.

El diácono pidió tres días para reunir lo que se le pedía, y, cumplido el plazo y la encomienda, se presentó delante de la autoridad competente con el enjambre de pobres a los que servía en el ejercicio de su ministerio.

Su destino como discípulo de Jesús se jugó en torno al tesoro que para la Iglesia son los pobres.

Hoy la Sabiduría de Dios nos sorprende con una paradoja: "Se ha construido su casa… ha preparado el banquete, mezclado el vino y puesto la mesa; ha despachado sus criadas para que lo anuncien… Venid a comer mi pan". ¿Y a quiénes invitan las criadas mensajeras? ¡A los inexpertos y a los faltos de juicio!

Ahora, Iglesia convocada al banquete de la Sabiduría, fíjate en el pan que ha preparado, en la bebida de vértigo que ha mezclado: "Yo soy el pan vivo que ha bajado del cielo… El que come mi carne y bebe mi sangre tiene vida eterna, y yo lo resucitaré en el último día". Es Jesús de Nazaret quien habla. Es Cristo Jesús quien se nos ofrece. La Sabiduría de Dios es el pan de Dios sobre tu mesa.

Y ahora fíjate en quiénes han comido y han bebido a la mesa de la Sabiduría. A Jesús se acercaron y comieron y bebieron –fueron liberados, curados, perdonados- enfermos y endemoniados, mujeres postradas con fiebre y con flujo de sangre o poseídas por espíritu inmundo, leprosos y paralíticos, ciegos, sordos y mudos. Y todavía no has reparado en publicanos y pecadores; tampoco en aquella mujer que todos conocían en la ciudad. Y todavía no has reparado en ti misma, en tus hijos, en los que hoy se sientan a la mesa de la eucaristía, todos bañados en misericordia divina, todos embellecidos por gracia divina, todos hermanados por el Espíritu de Dios.

Y te das cuenta de que no hay Iglesia sin pobres, de que no hay futuro para la Iglesia sin los pobres, de que no hay encarnación de la Sabiduría si no es para los pobres: para los inexpertos, para los faltos de juicio, para los desechados, los descartados, los prescindibles.

Sólo ellos, saciados, liberados, redimidos, salvados, pueden decir con verdad: "Gustad y ved qué bueno es el Señor".

Mientras cantamos las estrofas del salmo, el alma evoca el grito de victoria de los pobres: ¡Boza! ¡Boza! ¡Boza!

"Bendigo al Señor en todo momento, su alabanza está siempre en mi boca…

Los ricos empobrecen y pasan hambre; los que buscan al Señor no carecen de nada".

Entonces se llenan de sentido las palabras del Apóstol: "Cantad, tocad con toda el alma para el Señor. Dad siempre gracias a Dios Padre por todo, en nombre de nuestro Señor Jesucristo".

Da gracias, Iglesia cuerpo de Cristo, por el pan y el vino que el cielo ha preparado para sus pobres, para tus hijos. Feliz domingo.

NO CERREMOS A LOS POBRES LA PUERTA DE LA ESPERANZA

Queridos: nuestras preocupaciones de hoy no son, manifiestamente, las que alteraron la normalidad de la vida en las tiendas de los israelitas acampados en el desierto; ni son tampoco las que expresó a Jesús su discípulo Juan, cuando éste vio "a *uno que echaba demonios*" en nombre del Maestro. Pese a todo, la palabra proclamada este domingo en nuestra celebración está llena de resonancias que necesitamos percibir para no ceder a la desesperanza.

"*¡Ojalá todo el pueblo de Dios fuera profeta y recibiera el espíritu del Señor!*"

¡Ojalá todo el pueblo sintiese de alguna manera en su carne el dolor de Dios por la muerte de sus hijos!

Ojalá todo el pueblo recibiese el espíritu de Dios para conocer las profundidades de Dios, también su dolor.

Nos hace falta el espíritu de Dios para conocer la perfección de su ley, la fidelidad de su precepto, la pureza de su voluntad, la justicia de sus mandamientos.

Necesitamos el espíritu del Señor para reconocer a Cristo y reconocer nuestra propia carne en el hermano que sufre, en los hermanos que mueren.

Él, el Señor, indicaba esa misteriosa comunión, cuando dijo a sus discípulos: "*El que no está contra nosotros, está a favor nuestro*".

Y esa comunión con Cristo hace valioso, precioso, incluso el vaso de agua que damos al hermano "porque es del Mesías", porque es su cuerpo.

Que no cerremos a los pobres la puerta de la esperanza, por nuestra vana pretensión de entrar en la vida, no sólo con el cuerpo entero, sino también con nuestras riquezas.

Más nos vale entrar sin nada en el Reino de Dios que ser echados con todo al abismo, *"donde el gusano no muere y el fuego no se apaga"*.

Feliz comunión con Cristo y con los hermanos.

"NOS PARECÍA SOÑAR"

"Cuando el Señor cambió la suerte de Sión, nos parecía soñar"
(Salmo responsorial)
En la memoria del soñador podría haber estado
Egipto, la tierra de la esclavitud, el mar dividido para el paso
de los esclavos, las noches del éxodo bajo la luz de Dios,
aquellos días bajo la nube, el desierto mitigado con agua de la
roca y panes de rocío, la tierra prometida, una tierra con
fuentes de leche y miel para la esperanza de un pueblo.

En la memoria del soñador, más cercanas que las
tierras de Egipto y las maravillas del éxodo, quedaban las
tierras de Asiria, y de Caldea, último solar de lágrimas y lutos
para los desterrados de Sión.

El profeta evoca caminos que Dios abre en la estepa
para el paso de los que volverán a la tierra de la libertad.

A la luz de la palabra profética, el futuro se ilumina
con un éxodo de pobres hacia una nueva esperanza; Dios los
guía entre consuelos; *"entre ellos hay ciegos y cojos, preñadas y
paridas"*.

El salmista evoca Pascua y fiesta, asombro, alegría y
canto de los redimidos: *"Cuando el Señor cambió la suerte de Sión,
nos parecía soñar: la boca se nos llenaba de risas, la lengua de cantares."*

En Cristo Jesús, en los sacramentos de su Pascua, el
Señor ha cambiado nuestra suerte: Tocaste, Señor, mis ojos
ciegos, y pude verte. Iluminaste mi vida, y pude seguirte. Me
curaste, y pude amarte. Cambiaste nuestro duelo en fiesta, el
luto en danza, la tristeza en alegría; la luz de tu misericordia
iluminó la noche de nuestra esclavitud.

Cuando el Señor nuestro Dios cambió nuestra
suerte… se nos llenó de paz el corazón, de alegría el alma, de

risas la boca, de cantares la lengua, pues se nos había llenado de Cristo Jesús la vida entera.

Cuando el Señor cambió nuestra suerte... nos parecía soñar.

Un mundo de cambia suertes

Si me preguntan cómo se llama mi Dios, les digo: Su nombre es, «El que ha cambiado mi suerte».

Si me preguntan, cuál es mi pueblo, les digo: Mi pueblo son «Los pobres a quienes Dios ha cambiado la suerte».

Si me preguntan cuál es mi tarea, les digo: Me han pedido que sea «Mente, corazón y manos del que cambia la suerte de los pobres».

Si me preguntan a quiénes he sido enviado, les digo: «A los pobres para que cambie su suerte».

Si me preguntan a dónde he llegado, entonces se hace ineludible la confesión y la petición:

Dios mío, no hemos llegado a tiempo para librarlos. Salieron hacia una esperanza, se quedaron a la deriva en un mar de angustia, naufragaron en un cementerio de agua. No hemos llegado a tiempo para cambiar su suerte...

Dios mío, que el mundo se te llene de corazones y manos para cambiar la suerte de los que lloran. Dios mío, que el mundo se nos llene de cambia suertes.

UN CANTO DE ESPERANZA

"¡Desfallezco de ansias en mi pecho!"

Pudieras pensar que ésas son palabras del esposo, del mismo que dice: "¡Toda eres bella, amada mía, no hay defecto en ti! ¡Ven del Líbano, esposa, ven del Líbano, acércate!... Me has robado el corazón".

Pudieran ser por la misma razón palabras de la esposa: "Yo soy de mi amado, y él me busca con pasión. Ven, amado mío, salgamos al campo, pernoctemos entre los cipreses; amanezcamos entre las viñas... allí te daré mis amores".

Pero son palabras de Job, palabras que ahondan sus raíces en la tierra atroz del sufrimiento humano, son palabras del hombre que, sentado en el polvo, experimenta que "Dios le ha hecho daño y que lo ha copado en sus redes, le ha vallado el camino para que no pase, le ha velado la senda con densa oscuridad".

"¡Desfallezco de ansias en mi pecho!": Son palabras de un hombre que implora piedad de sus amigos, porque "lo ha herido la mano de Dios".

Pero su canto de esperanza no es para los amigos por su piedad, sino para Dios por su inquebrantable fidelidad: "Yo sé que mi redentor vive", y desfallezco de ansias por encontrarme con él.

Ése es el canto que resuena silencioso en los caminos de los emigrantes, en la no patria de los desterrados, en el corazón de los que habitan en tierra y sombras de muerte. Ése es el canto misterioso de los pobres, de los amados de Dios. Ése es el canto de los que mueren en la fe, ése es tu canto, Iglesia esposa de Cristo: un canto de esperanza, que ahonda sus raíces en el amor eterno de tu Redentor.

211

EUCARISTÍA Y FRONTERA

Ayer me acerqué con unos amigos a la frontera de Ceuta. Durante el día habíamos hablado de inmigración, de caminos recorridos por miles de jóvenes para alcanzar, desde su lejano sur africano, esta orilla sur de Europa; para ellos, la orilla de una esperanza, la frontera de una tierra prometida. El otoño se ha puesto ya de invierno, y el levante hace más intensa la sensación de frío.

A mis amigos, uno de Etiopía, otro de Mozambique, otro de Suráfrica, los acompañaba hasta Ceuta para que, de cerca, viesen los bosques que durante años fueron refugio de inmigrantes y en los que, según parece, ahora no queda ninguno; y, de lejos, adivinasen el trazado de la valla que rodea la ciudad. Lo evidente en el bosque y la frontera eran las furgonetas del ejército y los controles de la policía: ¡Soldados y policías emplazados allí para que allí no estén los pobres! ¡Soldado y policías pagados por la irracionalidad que dilapida en vulnerar derechos lo que tendríamos que gastar en hacerlos respetar!

¿Qué tiene que ver esto con nuestra Eucaristía dominical?

Puede que nada, pues en la homilía de este domingo no se nos va a recordar que el dinero con que se paga a esos soldados y policías lo ponen también los buenos cristianos españoles que en este domingo van a comulgar.

Aceptamos que el de "amar al Señor Dios con todo el corazón" es el primer mandamiento de la ley; pero no hay razón para que pensemos que ese mandato tenga algo que ver con unos extranjeros vigilados, controlados, desplazados, deportados en nombre de nuestro bienestar; podemos amar a Dios y desentendernos de esos hijos suyos que, por no tener papeles, han dejado de serlo. Ocuparse de ellos sería 'buenismo' indigno de personas razonables.

Aceptamos eso de "amar al prójimo como a uno mismo"; pero es evidente que unos extranjeros sin dinero no son "prójimo" nuestro, y mucho menos son "nosotros mismos": gentes así son sólo una amenaza para nuestro trabajo, para nuestra identidad, para nuestra seguridad; y como una amenaza han de ser apartados de nuestra vida. Cualquier otra disposición sería mero sentimentalismo.

Puede que bosques, fronteras y pobres nada tengan que ver con el evangelio de nuestra eucaristía. Puede que consigamos amar a Cristo sin amar su cuerpo que son los pobres. Puede que consigamos comulgar con Cristo y subvencionar a quienes añaden sufrimientos atroces a su pasión.

Si así fuese, si nuestra misa nada tiene que ver con los caminos de los pobres, mucho me temo que tampoco tenga algo que ver con el camino que es Cristo Jesús.

Feliz comunión con el cuerpo doliente de nuestro Señor.

MÁS CERCA DE TI
QUE TU PROPIA SOLEDAD

Estamos viviendo una anomalía, y no es porque se nos haya confinado en el recinto de nuestras casas, pues enclaustrados han estado siempre los contemplativos, y siempre nos pareció normal que lo estuviesen.

Lo anómalo, lo que cae fuera de lo que hasta ahora hemos vivido, es que nos hayamos enclaustrado para protegernos de los demás y para proteger a los demás de nosotros mismos.

Nos hemos enclaustrado porque yo soy una amenaza para ti, y tú lo eres para mí.

En esa situación, mi modo de ayudarte es que me aparte de ti; tu modo de ayudarme es que no te acerques a mí.

Y también sé –lo sabemos los dos- que si me aparto de ti, no me olvido de ti.

Es como si ahora estuviese contigo –con todos- mucho más de cuanto no lo haya estado nunca, pues te ausenté de mí para ocuparme de ti, y tu ausencia obligada de mi lado ha hecho permanente tu presencia dentro de mí.

Hoy más que nunca, esa presencia me mantiene unido a mi familia, a mis hermanos franciscanos, a mis amigos, a los emigrantes de todos los caminos, a los sin techo de todas las ciudades, a quienes conmigo han celebrado alguna vez la Eucaristía, a quienes conmigo habrían de celebrarla este día si hubiese sido un domingo habitual.

Estamos viviendo una asombrosa paradoja: separados de todos y unidos a todos.

Esa paradoja es verdadera también en nuestra relación con Cristo Jesús, yo diría que lo es sobre todo en esa relación.

Muy probablemente, éste será para ti un domingo sin la acostumbrada Eucaristía con tu comunidad de fe.

Puede que el corazón te sugiera decirle hoy a Jesús las palabras que le dijeron en aquel tiempo Marta y María, las hermanas de Lázaro: *"Si hubieras estado aquí"...*

Pero tú no se las dirás, porque sabes que en tu abandono, él, tu amigo, está más cerca de ti que tu propia soledad.

Puede que hoy te falte el Pan de la Eucaristía, pero no te faltará el Señor que en ella se te entrega.

Y en el silencio de tu casa, como si estuvieras en el bullicio de tu comunidad, escucharás dirigidas a ti las palabras de Jesús: *"Yo soy la resurrección y la vida; el que cree en mí no morirá para siempre"*.

Necesitamos oírlas pronunciadas sobre nuestra esperanza, para que a nadie falte el gozo de vivir.

Y necesitamos pronunciarlas también sobre la memoria de quienes ya nos han dejado, para que a nadie falte la certeza de que esos hermanos nuestros nos han dejado para vivir en el gozo de su Señor.

El que dijo: *"Yo soy la resurrección y la vida"*, resucitando de entre los muertos, ha abierto desde dentro todos los sepulcros. La muerte quedó contaminada para siempre por la Vida.

Y es él, la Vida, el que hoy está contigo, en tu casa, más cerca de ti que tu propia soledad.

Feliz domingo, hermana mía, hermano mío.

MIRA, ALÉGRATE, AMA

¡*El Señor ha resucitado*! No se aparte de él la mirada de la fe.

El Espíritu de Dios ha removido en la noche la piedra que cerraba la sepultura, la de Jesús y la nuestra, y sobre el mundo, sometido hasta aquella hora a la esclavitud de la muerte, amanece, con Cristo resucitado, la luz de la vida.

Mira a tu Señor, asómbrate de su luz, alégrate de su vida, ama al que tanto te amó, al que por ti se entregó, al que abrió delante de ti el camino de la esperanza.

Mira, alégrate, ama: "*Éste es el que cubrió a la muerte de confusión y dejó sumido al demonio en el llanto... Éste es el que derrotó a la iniquidad y a la injusticia... Éste es el que nos sacó de la servidumbre a la libertad, de las tinieblas a la luz, de la muerte a la vida, de la tiranía al recinto eterno... Él es la Pascua de nuestra salvación*" (Melitón de Sardes).

Mira, alégrate, ama: Verás con cuánto amor te buscó, oveja perdida, el buen Pastor de quien te habías ausentado. Verás con cuánta humildad se puso a tus pies y te lavó el que te disponía para que tuvieses parte con él. Verás con qué mansedumbre se dejó sacrificar por ti este Cordero que quita el pecado del mundo, el que "*marcó nuestras almas con su propio Espíritu, y los miembros de nuestro cuerpo con su sangre*" (Melitón de Sardes).

Mira, alégrate, ama, Iglesia cuerpo de Cristo, pues la misericordia del Señor ha llenado tu tierra, él te escogió como heredad suya, él se fijó en tu sufrimiento, en tu esclavitud, en tu llanto, y vino a ti, humilde, para salvarte.

Mira, alégrate, ama, Iglesia mártir de la fe, Iglesia perseguida, Iglesia humillada, Iglesia de los que tienen hambre, Iglesia de los arrancados por la injusticia a su tierra, a su familia, a su vida, Iglesia de los enfermos, de los abandonados, de los marginados, de los empobrecidos, de los olvidados, de los que mueren solos, mira, alégrate y ama, pues a ti, que estabas atada como Isaac sobre el altar de la muerte, tu Dios, en su Hijo muerto y resucitado, te ha abierto el sendero de la vida.

Mira, alégrate, ama. Une tu voz a la de Cristo en la hora de su resurrección, y que resuene en el cielo el eco de vuestro canto: *"El Señor es mi Dios y salvador: confiaré y no temeré, porque mi fuerza y mi poder es el Señor, él fue mi salvación"*.

Resuene en la tierra y en el cielo el Aleluya pascual, pues *"hoy nuestro Salvador destruyó las puertas y las cerraduras del imperio de la muerte, destruyó la cárcel del abismo y arruinó el poder del enemigo"*.

¡Cristo ha resucitado!

Feliz Pascua, Iglesia cuerpo de Cristo, confinada y resucitada.

"NO TENGÁIS MIEDO"

El miedo es tan nuestro como el llanto con que, al nacer, estrenamos la luz del día.

Si hubiésemos de dar un nombre a nuestro Dios, podríamos llamarle "quitamiedos", pues como quebranta miedos se nos ha revelado y con insistencia.

Así se manifestó a Abrán: «*No temas, Abrán, yo soy tu escudo, y tu paga será abundante*»"; así se manifestó a Isaac: «*Yo soy el Dios de tu padre Abrahán; no temas, porque yo estoy contigo*»; así se revela a su pueblo Israel: *«No temas, que te he redimido, te he llamado por tu nombre, tú eres mío... Porque eres precioso para mí, de gran precio, y yo te amo... No temas, porque yo estoy contigo»*. «*No temas, siervo mío, Jacob, a quien corrijo, mi elegido*».

«*No temas*», dice el ángel de la anunciación a María de Nazaret. «*No temáis*», dice el ángel del Señor a los pastores: «*os anuncio una buena noticia que será de gran alegría para todo el pueblo: hoy, en la ciudad de David, os ha nacido un Salvador, el Mesías, el Señor*».

Y una y otra vez lo dice Jesús a los suyos: «*No tengáis miedo. Valéis más vosotros que muchos gorriones*». «*¡Ánimo, soy yo, no tengáis miedo!*»".

Hoy lo escuchamos en la asamblea dominical: "**No tengáis miedo a los hombres**".

Lo dijo entonces el que había de ser crucificado. Lo dijo entonces a otros que, en aquella hora de sus vidas, aún no sabían que iban a ser crucificados. Y lo dice hoy el Señor resucitado a quienes, celebrando la eucaristía, **hacemos memoria** de su vida entregada, **comulgamos con él** y nos disponemos a **recorrer el camino que él ha recorrido**.

"**No tengáis miedo**": Lo dice hoy el Señor al emigrante, al desplazado, a esa multitud de hombres, mujeres y niños que en los caminos de la clandestinidad van dejando a borbotones la sangre de sus vidas.

Se lo dice a los excluidos del bienestar, que se ven obligados a mendigar con humillación un pan que deberían poder ganar, que tienen derecho a ganar con la dignidad del propio trabajo.

Se lo dice a las mujeres, a esa multitud de mujeres para quienes las esperanzas de vivir han quedado reducidas a tristísima certeza de ser explotadas.

Se lo dice a un mundo de niños que aprenderán a sonreír y a confiar sólo si el amor los envuelve en una fantasía de hermosura.

Se lo dice también a los violentos, a todos los que, bajo el velo de una agresividad irracional, esconden la cobardía del odio, el miedo al sinsentido, la angustia de no ser, la insignificancia de sus vidas.

También me lo dice a mí, que soy un pecador, y hago en mi barquilla rota la travesía de la noche.

"*No tengáis miedo*", pues sois amados. "*No tengáis miedo*", pues Dios os ha creado para el amor y para la vida. "*No tengáis miedo*", pues el amor de Dios es el insobornable tribunal de apelación contra el mal que acecha vuestras vidas.

"*No tengáis miedo*": Nos lo dice el Padre que, por amor, nos da a su único Hijo. Nos lo dice el Hijo de Dios con quien hacemos comunión. Nos lo dice el Espíritu Santo, el Espíritu de la verdad que da testimonio de Jesús y que va haciendo plena nuestra comunión con el Hijo de Dios.

"*Miradlo los humildes y alegraos. Buscad al Señor y revivirá vuestro corazón. Que el Señor escucha a sus pobres, no desprecia a sus cautivos*".

Feliz domingo a todos los amados de Dios.

BAUTIZADOS CON CRISTO PARA HACER UN MUNDO NUEVO:

Hundidos en el lodo: primero Jeremías, luego Jesús. *Bautizados en la muerte*: Jeremías y Jesús, sumergidos en un abismo de rechazo humano, de incomprensión, de odio, destinados a morir. *Crucificados* como Jeremías, como Jesús, los emigrantes, siempre los pobres: *Empujados a la muerte* por la miseria; *abandonados a su suerte* por nuestro egoísmo; *dejados como plástico a la deriva* por nuestra indiferencia.

Jeremías, Jesús, los emigrantes, los pobres: aunque los veamos como un incordio a las puertas de nuestra abundancia, son voceros de Dios, sus profetas, una alarma activada por el amor de Dios en nuestro mundo de frivolidades, una llamada a la conciencia de los distraídos por si todavía queremos darnos una oportunidad de salvación.

Mis buenas razones para el abandono de los pobres al frío de la muerte, son las mismas buenas razones con las que he dejado a Dios fuera de mi vida, fuera de mi rosario – perverso- y de mi eucaristía –escandalosa- y de mi corazón – petrificado-…

La Iglesia que hoy celebra la Eucaristía sabe que pertenece a Cristo, hace suya la palabra de Cristo y comulga con su Señor.

Tú sabes que eres un solo cuerpo con Cristo; sabes que tu destino es el de los pobres, el de los profetas, el de Cristo.

Bautizada, olvidada, desechada, crucificada, estás llamada a ser siempre presencia viva de Cristo pobre entre los

221

pobres, pobre tú también y enviada a los pobres como evangelio de salvación.

Habrás de desear ese bautismo por el que pasó Jesús; habrás de desearlo como lo deseó Jesús, habrás de desear con todo el corazón verte entregada con él, seguirlo a él abrazada a tu cruz…

Ese bautismo, esa comunión con Cristo Jesús en su entrega de amor hasta la muerte, es la chispa que encenderá el fuego que él vino a prender en el mundo. Por esa puerta de la entrega amorosa entrará el Espíritu de Jesús que hará posible un mundo nuevo, un mundo hijos de Dios, el reino de Dios, un mundo en el que los pobres podrán decir con verdad –lo podrán decir a una con Jesús-: *"Yo esperaba con ansia al Señor; él se inclinó y escuchó mi grito. Me levantó de la fosa fatal, de la charca fangosa; afianzó mis pies… aseguró mis pasos… El Señor se cuida de mí"*.

Feliz domingo, Iglesia de Cristo. Feliz bautismo en la muerte de Cristo. Feliz comunión con Cristo resucitado.

"ESTOY A LA PUERTA LLAMANDO"

Queridos, la palabra del Señor proclamada este domingo en nuestra asamblea litúrgica invita a considerar el misterio de nuestra relación con Dios bajo las formas venerables y casi sagradas de la hospitalidad o buena acogida y recibimiento que se hace a quien nos visita. Cuando se habla de hospitalidad, casa y mesa son elementos especialmente significativos para expresar lo que hay en el corazón de quien acoge y recibe, con relación a aquel o aquellos que son acogidos y recibidos. Con razón nos asombramos de lo que el patriarca Abrahán vivió aquel día a la puerta de su tienda. Nos asombramos, no tanto porque él acogió a Dios, sino porque Dios le acogió a él. Nos asombramos, no tanto por lo que el patriarca ha podido preparar para Dios, sino por lo que Dios ha querido preparar para el patriarca. Abrahán vio tres hombres en pie frente a él, corrió a su encuentro, se prosternó en tierra, y dijo: Señor, no pases de largo. Tomó cuajada y leche y el ternero guisado, y se lo sirvió y ellos comieron. El Señor se apareció a Abrahán, se sentó bajo el árbol, y allí, bajo el árbol, le ofreció a Abrahán la promesa de un hijo.

Pero ya te habrás dado cuenta de que hoy, mientras recuerdas el encuentro de Dios con su siervo Abrahán, en realidad eres tú quien en la comunidad eclesial ofreces hospitalidad a tu Dios, y eres tú el que gozas en la comunidad eclesial de la hospitalidad de tu Dios. Hoy eres tú el que ves a tus hermanos en pie frente a ti y corres a su encuentro y te postras para decirle a tu Señor: no pases de largo junto a tu siervo. Hoy eres tú quien preparas para tu Señor tu pan y tu vino, la ofrenda generosa de tus cosas y de tu vida, y te pones de pie bajo el árbol de la cruz, mientras el Señor acepta tu ofrenda. Hoy eres tú quien recibes de tu Señor, no ya la promesa de un hijo, sino el don del Hijo de Dios, y con ese Hijo recibes de tu Dios toda clase de bienes espirituales y celestiales.

Queridos: la fe nos ha permitido ver en el relato del libro del Génesis una anticipación misteriosa de nuestro encuentro dominical con el Señor; ahora, la misma fe nos permite ver en el relato evangélico de este domingo el anuncio profético de lo que nosotros vivimos en nuestra asamblea eucarística. El mensaje que nos deja el evangelio de este domingo, no es que un día Jesús fue bien acogido en casa de una mujer llamada Marta, y que allí esta mujer lo sirvió con generosidad, mientras su hermana María, sentada a los pies del Señor, escuchaba su palabra en actitud de discípulo. El mensaje que nos deja el evangelio es que hoy el Señor entra en esa aldea, en esa casa, que es la asamblea eucarística de la comunidad cristiana; el Señor entra hoy en la Iglesia, y la Iglesia lo acoge y se pone a servirlo, incluso con el exceso de las muchas cosas y de las muchas preocupaciones; y la Iglesia lo escucha, sentada a los pies de su Maestro, sentada en actitud de discípulo, atenta a la palabra que le desvela el misterio del Reino de Dios.

Cuando nuestra fe reconoce la presencia del Señor en nuestra casa, nada tienen de extraño las prisas por ofrecerle lo mejor que tenemos, nada tienen de extraño los deseos de sentarnos a sus pies para escucharle. Cuando nuestra fe reconoce la presencia del Señor en nuestra casa, a él le ofrecemos lo mejor de nuestra pobreza y de él recibimos lo que es propio de su riqueza. Cuando nuestra fe reconoce la presencia del Señor en nuestra casa, a él le hacemos huésped de nuestra humilde asamblea, y él nos hace huéspedes de la casa de Dios y herederos de su gloria.

Señor, ¿cómo puedo hospedarte en mi casa? Señor ¿quién puede hospedarse en tu tienda? Pues sé que tú me recibes en tu tienda si yo te recibo en mi casa. Dame fe para que te escuche en tu palabra. Dame fe para que te reciba en la Eucaristía. Dame fe para que te reconozca y te acoja en el emigrante, en el marginado, en el enfermo, en el pobre. Dame fe para que corra a tu encuentro en todos ellos, y me postre ante ellos para pedirte con las palabras de Abrahán: "Señor mío, si he alcanzado tu favor, no pases de largo junto a tu siervo". Dame fe para ver y corazón para suplicar, dame generosidad para ofrecer y amor para escuchar.

No habrá Iglesia verdadera donde no haya la fe humilde de Abrahán que suplica y agasaja con su hospitalidad; no habrá Iglesia verdadera donde no haya la fe de Marta que acoge a quien llega y dispone para él el necesario servicio; no habrá Iglesia verdadera donde no haya la fe de María que escucha con amor y escoge así la parte mejor, la Palabra de la que vivir, la Palabra que sale de la boca de Dios.

Aunque parezca una paradoja, los creyentes pedimos siempre la gracia de la fe, el aumento de la fe, y es como pedir que seamos creyentes de verdad, hombres y mujeres que en la Eucaristía y en la vida saben acoger a Cristo y escucharle, saben servir y amar, saben reconocer y agasajar a Cristo en los pobres y a los pobres en Cristo.

Si los pobres y Cristo son huéspedes de nuestra casa, si nos dejamos evangelizar por Cristo y por los pobres, nosotros seremos los bienaventurados que ya desde ahora habitamos en la casa del Señor, en la tienda de nuestro Dios.

Escucha lo que dice tu Señor: "Estoy a la puerta llamando. Si alguien oye y me abre, entraré y comeremos juntos". Escucha y abre.

Feliz domingo.

EDITORIAL ANAWIM

Quiénes somos

Sencillamente somos un pequeño grupo de cristianos, católicos, que hemos conocido el Amor de Dios. No sólo a nosotros sino a toda persona llamada a la existencia... y en un misterio cósmico que un día se revelará tras los dolores de parto, un Amor que envuelve y transfigura a toda criatura.

Esta vivencia, que ya ha trastocado todas nuestras vidas, es el motor de esta pequeña editorial. Una editorial que quiere estar atenta a los dolores del mundo, a ese caudal de sufrimiento que nadie puede calcular. Y a los destellos de belleza y de bondad que asoman por doquier, y a las esperanzas y alegrías de todas las gentes.

Qué pretendemos

En comunión con la Iglesia, con la conciencia de que sus llamadas más candentes, más ardientes, más comprometedoras, son desconocidas o situadas en un segundo plano en el alma de muchos hermanos. Así pues, una editorial para intentar, humildemente y confiando en la acción misteriosa de la Providencia, dar luz sobre unas «enseñanzas sociales» transidas de amor sobrenatural y de un lenguaje religioso personalista que remite al Señor de la Historia, Jesucristo...

Antiguas inquietudes que conservan todo su valor y vigor originales; personajes desconocidos, sorprendentemente desconocidos, y cuyas vidas son como una inaudita bocanada de esperanza y de verdad; nuevos retos, profundos, complejos, reducidos al fin a la sencillez de la respuesta del amor a cada cual... Todo con sabor a rebeldía, a disidencia, a la alegría del abandono en Dios a través de las luchas por un mundo justo y pacificado, hermanado a la sombra del Padre.

Todas las batallas que el papa Francisco ha expresado en la encíclica *Fratelli tutti*, todos los ámbitos de relación, con Dios, consigo, con los otros, con el universo... La no violencia activa y orante; la lucha por la paz; la justicia y la mística de la revolución social; el amor preferente por los últimos y los descartados; el inmenso y acallado mundo de los presos y prisioneros; los pueblos indígenas como custodios de sabidurías y últimos guardianes del paraíso acosado por la destrucción; las víctimas de los racismos y los combates por el honor y la libertad de todos; el universo de los adictos que aboca a los amores gratuitos; la dignidad de la mujer y el despliegue de todas sus específicas potencialidades; la complejísima e irresoluble cuestión de la identidad de los pueblos y el universalismo, solo abordable desde el espíritu con el que el Espíritu ungió a Gandhi; el mundo de las discapacidades y la justicia social y la voz que nos dice miremos a la persona en sí; los retos de la bioética desvinculados tanto de blasfemas sumisiones a la cultura dominante y sus leyes como de encorsetamientos conservadores... Y el ecumenismo de la pasión por el hombre, que nos conduce a encontrarnos en los caminos del sufrimiento con los hermanos separados. Y el rastrear huellas del Espíritu allí donde se manifiesten, en las religiones, en las culturas... El misterio de Israel, la fraternidad sobrenatural con las gentes del islam... Y la belleza de la Creación, el desafío de la suciedad, la desarmonía, la extinción...

Una mirada de tensión universal desde el misterio de la Iglesia, donde se abisman y se sacramentalizan los anhelos verdaderos de todo hombre y mujer, en todas las edades y latitudes.

Unos modos

Entonces... desproporción absoluta: desde la insignificancia y la pequeñez, pretensiones totales, querer llegar a escalar en medio de cánticos subversivos «las colinas creadoras de la protesta» (Martin Luther King), rodeados de una nube de testigos, como dice la Escritura.

Y en esta pequeñez agraciada cuidar los signos: un espíritu no lucrativo, querer ayudar a otros, si Dios lo permite y lo bendice, mediante la creación de trabajos vinculados a la marcha de la editorial. Permitir, por supuesto, la reproducción total o parcial de lo publicado. Usar de materiales lo más respetuosos posible de los dinamismos vitales de la «Hermana Madre Tierra» (San Francisco). Estar abiertos a la sorpresa respecto a las iniciativas.

OTROS TÍTULOS DE LA EDITORIAL